中文阅读素养

指标体系与测评标准

王惠◎著

SPM 南方传媒 | 新世纪出版社
·广州·

图书在版编目（CIP）数据

中文阅读素养指标体系与测评标准 / 王惠著. — 广州：新世纪出版社，2023.5

ISBN 978-7-5583-3843-4

Ⅰ. ①中… Ⅱ. ①王… Ⅲ. ①汉语—阅读教学—教学研究 Ⅳ. ①H194

中国国家版本馆CIP数据核字（2023）第054880号

出 版 人：陈少波
责任编辑：杨 红 肖青至
责任校对：庄淳楦 黄鸿生
封面设计：俞孝军
责任技编：王 维

ZHONGWEN YUEDU SUYANG ZHIBIAO TIXI YU CEPING BIAOZHUN
中文阅读素养指标体系与测评标准
王 惠 著

出版发行：新世纪出版社
（广州大沙头四马路12号2号楼）
经　　销：全国各地新华书店
印　　刷：广州一龙印刷有限公司
规　　格：787mm × 1092mm
开　　本：16开
印　　张：13.75
字　　数：20千
版　　次：2023年5月第1版
印　　次：2023年5月第1次印刷
定　　价：60.00元

质量监督电话：020-83797655　购书咨询电话：020-83781537

专家指导委员会

序

走进阅读教育元年

今年三月，正值自然界万物萌动和春意勃发的美好时节，在全民阅读活动开展17年并取得显著成效之后，由教育部、中宣部等八部门印发的《全国青少年学生读书行动实施方案》（以下简称《方案》）出台，《方案》主要针对各级各类学校和学生，给出了读书行动的指导思想、基本原则、工作目标和读书内容、读书方法、读书长效机制等多方面的指导和要求。据此，有人把2023年称为我国的阅读教育元年。

当然，学校阅读教育并非始自今年。早在新世纪之初，教育部就发出过开展书香校园建设活动的通知。我本人撰写的《阅读力》《阅读力决定学习力》《爱上阅读》等专著，就是从青少年学生成长的角度对阅读进行思考的，曾经在一些学校和学生中产生了有益的影响。“阅读是一切精英人才成长的必由之路，几乎所有优秀的文学、文化、艺术、科学、思想精英人才，都是从最初的阅读成长起来的。”我在书中如此说，这句话实际上也是对阅读和教育之间深刻关联的深刻领悟。在我的身边，还有很多文学界、文化界、教育界、科学界的同道中人、有识之士在阅读教育的田亩中躬耕并且有所收成。尽管如此，我个人还是非常认同“阅读教育元年”这一说法，并且为此雀跃欢呼，因为对于青少年学生的读书，《方案》显示出前所未有的高度重视和科学安排。我们热切地期待在学校对《方案》的贯彻过程中，在学校阅读课程和阅读活动的实践过程中，在爱读书且善读书的老师们的悉心指导下，更多的孩子爱上阅读，并经由有效的阅读之路成长为未来社会的精英。

就是在这样的欣悦和企望中，随着阅读教育元年的崭新气象的到来，我们看到了广州市教育研究院语文学科教研员王惠博士发来的一份沉甸甸的研究成果——《中文阅读素养指标体系与测评标准》。“阅读素养”是近几年基础教育领域的一个热词，大家普遍认同由联合国经济合作与发展组织（OECD）主办的国际学生评估项目（PISA）在2018年对该词作出的界定：“学生的阅读素养是指学生为了实现个人目标、增进知识、发掘潜能与有效参与社会生活，而对文本进行理解、运用、评估、反思的能力以及对阅读活动的参与。”其中的核心是“对文本进行理解、运用、评估、反思的能力”。王惠博士对此有不同的见解，在该研究成果中，她从对“阅读素养”概念的重新界定出发，以文本的内部构成要素和要素关系基本图式为核心，以阅读行为中与阅读者的思维活动、心灵活动、认知活动密切相关的内隐要素和内在过程为前提，以文本要素和阅读行为内隐要素二者之间的对应关系建构为路径，指向以人的实现为基础的文化创造目标，对“阅读素养”指标体系和测评要求进行了标准化和专业化建设。

显然，这是一项很有价值的研究，也是一项很有分量的成果。王惠博士本是一位在高校文艺学领域有所建树的学者，之所以“逆行”到人生地不熟的基础教育领域，乃是因为对母语教育的使命感和务实求真的研究精神。她对“阅读”的关注和研究由来已久，早在2004年就著有《阅读调查——网络时代青少年阅读行为的社会学研究》一书，近年又以《骆驼祥子》为例进行中小学深度阅读教育策略和路径探索，出版了《〈骆驼祥子〉深度阅读的策略与路径》一书。特别有意思的是，她还和我一样，对生活在祖国西南地区的少数民族的文化创造——史诗和岩画充满研究热忱。王惠博士具有极为宝贵的坚持独立思考、决不人云亦云的研究态度，加上文艺学跨学科研究的学术背景给她很好的研究基础，她的“阅读素养”研究为阅读教育元年献上了一份厚礼。

带着她的这一份厚礼走进阅读教育元年，我很欣慰。

2023年4月

我是一个非常喜欢读书的人，我相信“天下第一等好事还是读书”，也认同拉美文豪博尔赫斯的说法：“如果有天堂，我想一定会是图书馆的样子。”我乐意过“书卷多情似故人，晨昏忧乐每相亲”的生活。在我看来，所有的好书都为我们开启了一个广袤深邃的世界，所有的好书都很美，这种美或许来源于或壮美或优美的自然万物，可能依附于或宏阔或细微的社会万象，但都浸润着人类的感受、情怀和思想，通过如星斗一般璀璨而又永恒的文字呈现出来，所以书的力量也是璀璨而又永恒的力量。所有的好书，都将给我们的感官着色，给我们的骨骼补钙，给我们的心脏造血，给我们的头脑输氧，教会我们怎样本真生活，怎样摆脱尘浊之气，怎样实现无限超越。

我也很喜欢和爱读书的人做朋友，我相信那些能享受阅读带来的乐趣的人是值得交往的，他们的感官更敏锐，骨骼更坚硬，心灵更丰富，思维更缜密，精神更高远。广州市教育研究院的语文教研员王惠博士就是一位这样的朋友。我们经常就阅读的话题进行讨论，包括阅读一首诗、一本书的感受，阅读研究的发现，阅读教育的图景等等。她有很多过人的见解，常令人有一新耳目、醍醐灌顶、豁然开朗之感。比如文本有言、象、意三个要素，而一般情况下的自由阅读往往得意忘言，更为准确地说，是得象而忘言和忘意，然而，象是不能迁移的，只能积累和拓展，而言和意却是可以迁移的。好比一道菜，仅仅知道其中有些什么样的食材是做不出这道菜来的。指向建构和创造也就是做出一道菜的阅读更需要的是迁移能力，而不是积累和拓展。但是我们现在的阅读和阅读教育，往往就停留在了解内容也就是知道食材、积累食材和拓展食材的层次。她还就此提出了不同于自由阅读的

“语文阅读”概念，从语文是学习语言文字运用这一课标中规定的课程性质出发，来谈“语文阅读”与得象而忘言的自由阅读是如何大异其趣的。

关于阅读活动本身，王惠老师同样多有卓见，多发新声。从2002年的《阅读调查——网络时代青少年阅读行为的社会学研究》，到2018年的《〈骆驼祥子〉深度阅读的策略与路径》，再到即将付梓的《中文阅读素养指标体系与测评标准》，让我们看到了她一路深入研究、不懈探索留下的深沉足迹和厚实足印。

《中文阅读素养指标体系与测评标准》是一个专业读书人对于社会的学术奉献，是一项很有价值的研究成果，是会读书的人对爱读书的人的帮助，也是通过会读书让更多的人爱上读书的指引，是一本值得大家关注和重视的书。

从1995年起，每年的4月23日是联合国教科文组织确定的“世界读书日”。世界读书日的设立目的和主旨宣言为：“希望散居在全球各地的人们，无论你是年老还是年轻，无论你是贫穷还是富有，无论你是患病还是健康，都能享受阅读带来的乐趣，都能尊重和感谢为人类文明做出巨大贡献的文学、文化、科学思想大师们，都能保护知识产权。”

我希望广大师生甚至社会各界爱读书的朋友都能从《中文阅读素养指标体系与测评标准》中受益，我希望更多的人能够享受阅读带来的乐趣，也能够尊重和感谢为中文阅读教育事业做出重大贡献的人——王惠博士。

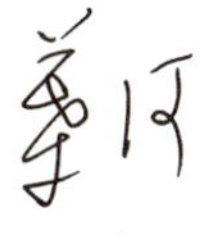

2023年4月

序

潮平两岸阔 风正一帆悬

——王惠《中文阅读素养指标体系与测评标准》代序

记得几年前，高中新课标刚颁布不久，王惠老师就推出《新课标高中语文学习任务群读本》，她曾邀我写过序。现在，她的又一部新著《中文阅读素养指标体系与测评标准》即将付梓，她又邀我作序。作为语文同道，又是老朋友，我为她的语文教育研究“日日新，又日新”欣喜无似，更为中文阅读素养指标体系与测评标准研究取得新进展而深感欣慰。

阅读不仅是中小学教育尤其是语文教育的基本形式，也是全社会的共同追求。全民阅读逐渐成为热词。2022年“世界读书日”期间，习近平总书记为首届全民阅读大会的贺信中，希望孩子们养成阅读习惯，快乐阅读，健康成长，并希望全社会都参与到阅读中来，形成爱读书、读好书、善读书的浓厚氛围。党的二十大提出，要深化全民阅读活动。2023年3月，全民阅读第9次写进政府工作报告，教育部等八部门颁布《全国青少年学生读书行动实施方案》。开展全民阅读，构建书香社会，关键在教育领域，尤其是大中小学，首先就是要建设书香校园，用书香校园建设促进文化强国、教育强国建设。在这种背景下，王老师推出《中文阅读素养指标体系与测评标准》，可谓适逢其会，正当其时。

语文是我们学习、生活和工作中最重要的交际工具，也是人类文化的重要组成部分。语文学习主要培养听说读写能力，关系到个人的终身发展。社会整体的语文素养，关系到国家的软实力和文化自信。对于中国人来说，语文又是学习中华优秀传统文化、革命文化和社会主义先进文化的重要渠道，是全体中华儿女从小就徜徉其中的精神家园。每个中国人都有责任和义务学好用好中国语文。对中小学生来说，语文是学习国家通用语言文字运用的一门基础课、工具课。学好语文，有助于学好其他学科。学好语文，主要通过三条途径，一是课堂有效教学，二是课外大量阅读，三是社会生活实践，其中阅读是基础，多读书、勤思考、勤练笔、多实践，在阅读、思考、写作、运用实践中，不断积累知识，增加学识，增长见识，开阔视野，滋养心灵，丰富精神世界，提高综合素养。但是具体到中文阅读素养，有哪些衡量指标，阅读效果如何测评，不仅困扰着语文教育工作者，也是深入开展全民阅读活动绕不开的话题。本书聚焦于中文阅读指标体系和测评标准，开展研究，提供解决方案，不仅切中语文教学与评价的重点、难点和痛点，对全民阅读也具有指导性意义，表现出作者具有宏阔的学术视野和理论追求。

王惠老师是广州市教育研究院语文学科教研员，苏州大学文学博士，华东师范大学中文系博士后，受过系统的学术训练，专业功底扎实。她曾长期在高校从事教学和研究工作，在文艺学跨学科研究领域多有建树。她习惯于从基点和原点思考问题，把问题变成课题开展研究。尤为难得的是，她的阅读研究起步早，持续时间长，认识也在不断深化。早在2002年，她就将“阅读”纳入她的硕士学位论文研究范围，2004年出版《阅读调查——网络时代青少年阅读行为的社会学研究》。这一研究成果并非青少年阅读行为的静态画像，而是把青少年阅读行为与其思维方式、认知水平、学业表现等诸发展要素关联起来，进行成长性研究。面对基础教育语文教学中存在的阅读深度不足、低效等问题，她又以七年级下册指定的课外读本《骆驼祥子》为例，尝试提供整本书阅读教学的有效解决方案，出版《〈骆驼祥子〉深度阅读的策略与路径》，试图按照文本不同要素和相关阅读活动的对应关系，建构整本书阅读教学的基本模型，对语文学科专业化建设贡献甚巨、对语文教师教学效能提升有很大作用。毋庸置疑，在中小学语文学科领域，只有经验性的解决方案还不够，还须进一步深入探索能够指导教学和测评的规律性知识。基于此，王惠博士开展了《中文阅读素养指标体系与测评标准》的研究和研制。这一研究成果从对“阅读素养”概念的重新界定出发，以文本的内部构成要素和要素关系基本图式为核心，以阅读行为中与阅读者的思维活动、心灵活动、认知活动密切相关的内隐要素和内在过程为前提，以文本要素和阅读行为内隐要素二者之间的对应关系建构为路径，指向以人的实现为基础的文化创造，对阅读素养指标体系和测评要求进行了标准化和专业化建设。这种研究，基于问题解决，任务驱动，扎实而深入，不仅有助于改进中小学阅读教学，提高阅读教学效率，对方兴未艾的全民阅读活动无疑也具有推动作用。

唐代王湾《次北固山下》诗云：“潮平两岸阔，风正一帆悬。”课程改革潮涨江阔，阅读教育水涨船高，语文的江河湖海正宜顺风行船。作为新时代弄潮儿，语文人一定会挺立潮头，扬帆起航，乘风破浪，驶向中国语文教育的美好明天！

顾之川

2023年五一劳动节

自序

费孝通先生在《乡土中国》第一篇“乡土本色”中说：“从熟悉里得来的认识是个别的，并不是抽象的普遍原则。在熟悉的环境里生长的人，不需要这种原则，他只要在接触所及的范围之中知道从手段到目的间的个别关联。在乡土社会中生长的人似乎不太追求这笼罩万有的真理。”自2016年到基础教育领域从事语文学科教研工作以来，深感学科专业化建设的不足，基于个别关联的经验而不是“抽象的普遍原则”“笼罩万有的真理”成为解决学科问题的最大凭借，诚然，费孝通先生的这段话不仅极为精准地呈现了语文学科的现状，也极为深刻地揭示了导致这种状况的原因。

实际上，语文学科专业化建设的不足也极大地影响着学科教学效果和育人质量的提升，难以摆脱吕叔湘先生四十多年前提出的“少慢差费”说，难以改变低迷不振的局面。专业化建设不足的一大表现便是缺乏标准，要落实什么知识及如何落实，要提升什么思维及如何提升，要开展什么活动以及如何开展，要设计什么任务以及如何设计，要解读什么文本及如何解读等等，因为缺乏相关标准而导致的认知含混大量存在。曾经有一次，在一个课题开题研讨会上，一位高校专家针对一位中学教师课题主持人的课题关键词“文本解读”发问：作为一名中学教师，你为什么要解读文本呢？不是只要鉴赏就可以了吗？

很多人认为语文学科应该是一个没有标准答案的学科，并因此指责学科测评等标准化建设的种种努力，人们用“一千个读者就有一千个哈姆莱特”这一名言来支持自己的这一认知。也有不少人把希望寄托在积累也就是量的提升上，于是，“多读书、读好书、读整本的书”的主张进入课标，继“全民阅读”的国家倡仪提出之后，诸多学校和家庭也开启了海量阅读、“连滚带爬”阅读的积累之路。还有人在文本的外部比如“知人论世”、在阅读行为的外部比如方法策略上下功夫，二者结合，“知人论世”成为极其重要的、应用广泛的阅读方法和策略。自“核心素养”概念提出之后，人们开始把目光转向“情境”“任务”“活动”等新的要素，并以之为解决方案，认为以解决真实情境中的问题为核心设计学习任务，通过自主合作探究式学习活动便可提升效能。也有人聚焦“思维”，认为用批判性思维激发学习内驱力和自主性乃提升效能和质量的不二法门。

这些思考和探索当然也有其学理的依据和实践的价值，但却始终未能建构专业化、体系化的标准，未能获得广泛性的认同和普及性的推广，而前一个“未能”，正是后一个“未能”的原因。持此见解者其实也大有人在，于是，近几年，我们也见到了一些研究者在此方面作出的努力及取得的成果，但这些努力要么关注文本的出处和功能，通过对文本内容信息的提取和运用解决生活情境中的问题，要么关注阅读行为的外显特征，以阅读兴趣、习惯、方法和策略的培养为鹄的。总体上说来，这些研究尚未深入文本本身和阅读行为本身的深处。

笔者对阅读的关注和研究由来已久，在硕士研究生学习阶段的2002年，即以网络时代青少年的阅读行为为研究对象确定了研究选题，并于2004年出版《阅读调查——网络时代青少年阅读行为的社会学研究》一书，而“全民阅读”的国家倡议，则是在两年之后的2006年提出来的。当时笔者的研究，不仅孤立地关注青少年的阅读行为本身，而且关注其阅读行为与其成长状况的关联，这一研究视角和研究成果都为近年开展的后续研究打下了较好的基础。来到基础教育领域之后，笔者立足语文学科教学和测评的观察视角，基于语文学科教学和测评的当下状况，以语文学科的课程性质和学习内容为起点，深入语文学科专业化建设的研究领域，在不断往深处开掘的过程中进一步思考文本、阅读和语文学科素养等相互关联的一系列问题。终于，笔者从“阅读素养”概念的重新界定出发，对其指标体系和测评要求进行了标准化和专业化建设。

该指标体系和测评标准有以下特点：

第一，以文本为核心。不同于以PISA（Programme for International Student Assessment）即国际学生评估项目为代表的相关研究对文本出处这一外在要素和文本内容这一局部要素的关注，笔者关注的是作为语言文字运用成果的文本的内部构成要素和要素关系基本图式，具体说来，笔者以文本的形式（言）、内容（象）、主旨（意）三要素及其相互关系为核心，致力于建构起语言文字和文本两套知识体系及各知识要素之间的相互关系，致力于探索出文本建构规律和文本中语言文字运用的规律。

第二，以阅读行为的内隐要素和内在过程为前提。不同于以聂震宁先生《阅读力决定学习力》为代表的相关研究对阅读行为的外显要素和外在过程的关注，笔者关注的是与阅读者的思维活动、心灵活动、认知活动密切相关的阅读行为内隐要素和内在过程，具体说来，笔者对课标提出的语文活动进行了重新组合和阐释，把梳理、鉴赏和探究活动作为阅读活动的从属性活动，并以此为基础对阅读行为的内隐要素和内在过程进行了探索和建构。

第三，在文本要素和阅读行为内隐要素二者之间建立关联。就目前的相关研究来说，阅读和文本大多各行其是，成为两套系统，但实际上，阅读是一个与文本相互依存、紧密相关的活动，阅读的内隐要素和内在过程和文本要素之间是存在关联的。笔者致力于找到这种关联，具体说来，笔者建构起文本内容和阅读理解、文本形式和阅读鉴赏、文本主旨和阅读探究的对应关系，这种关联可以让阅读素养和语文学科素养具备学理支持和指标依托，相关教学指导和质量测评也就具有了专业性和科学性。

第四，指向人的实现和文化的创造。目前的相关研究大都以某一些具体文本的内容掌握为旨归，其延展指向的则是这些内容信息在生活中的应用，再加上精读、略读、跳读、猜读等一些外在阅读方法的习得，这是一种输入型的阅读素养观，文本内容的生活或工作应用和阅读方法的习得都只是为了更好地输入。笔者的研究则以输出为导向，这种输出是以人的实现为基础的文化创造。具体说来，笔者的研究首先指向的是规律，叶圣陶先生说课文只是例子、教材也只是例子，例子的存在是为了作用于规律的探索和规律的证明，笔者致力于探索出文本建构规律和文本中语言文字运用的规律；笔者的研究最终指向的是建构，是找到从读者到作者的转化之间的通路，是由这一转化承载和体现的人的实现和文化的创造。

是的，语文并非没有标准答案，莎士比亚所说“一千个读者就有一千个哈姆莱特”是从读者的视角而不是文本的视角来说的，而有人提出的“一千个读者”的“一千个哈姆莱特”中应该有一个“最哈姆莱特”，显然要以文本中的哈姆莱特为标尺才能衡量和得出的。是的，文本中只有一个哈姆莱特，而阅读的任务就是要按照知识及其运用的规律，按照思维及其运用的规律，按照文本和阅读的规律，真正找到“这一个”哈姆莱特！文本是最典型的学科认知情境，阅读者找到文本中的这一个之后，基于自身社会生活情境和个人体验情境的不同进行个性化解读，可以得出个性化的哈姆莱特，但那一定是在文本中“这一个”的基础上所做的个性化发挥。

语文也绝不只是记忆和积累、只是输入和贮存，语文的最终目标是要以文化人、以人创文，化育具有创造能力的人，不断创造更新更美的文化图景。

现在，就让我们踏上“找到这一个”和“创造这一个”的文本阅读之路吧。

前言

建构以文本为中心的阅读素养指标和阅读成长路径

随着第八次教育改革的不断深入，阅读的重要性越来越成为全民共识（虽然“全民阅读”的倡议2006年已经提出，但全民对阅读重要性的认知、对阅读活动的关注和投入其实一直远远不够。从目前的情况来看，只有通过基础教育尤其是考试这一与全民利益相关领域的变革与推动，“全民阅读”才有可能得到一定程度上的实现）。与此同时，与第八次教育改革的关键词“中国学生发展核心素养”和各学科课程标准所提出的“学科核心素养”相匹配，“阅读素养”也成为一个热词。

什么是“素养”呢？按照《现代汉语词典》的解释，“素养”指的是平日的修养；在教育教学场域内，“素养”简而言之就是运用知识解决问题的能力。我们所要讨论的，是教育教学场域内的“素养”。素养的基础当然是知识，但不是过去的教育和考试所关注的那些通过死记硬背而获得的孤立知识和僵死知识（僵死知识即“惰性知识”，是指个体虽然已经获得并保存在头脑之中，但在某些情况下不能提取出来加以应用而处于一种非活跃状态的知识）。从知识到素养有一个过渡和转化阶段，相关概念是能力，能力即对知识的应用，但这种应用往往停留在知识本身的范畴，比如语文学科领域会用新习得的词语来造句，那就是具备了应用词语的能力，但这种能力与问题解决无关，与生活情境无关。素养的关键在于“问题”和“情境”两词，素养的表征便是具体情境中的问题解决，其中的“情境”具有真实性，“问题”具有综合性，而要想解决情境中的问题，往往需要灵活而又综合地调动多种知识，需要灵活而又综合地调动多种能力，在过去的教与学中被视为终极目标的孤立知识和僵死知识由此关联起来、活跃起来，成为解决问题的资源。

从知识到能力再到素养，这是一种基于育人观念转型而拉动的对学习意义和目标的重新确认和落实、对学习过程和进阶的重新设计和践行，学生发展如此，学科教与学如此，阅读也理应如此。在此背景之下，对“阅读素养”作出明确的界定，并且基于这一界定对相关指标作出精准的确定，这一基础性的学理研究对于开展促进阅读素养提升的教学、学习和考试等实践活动显得尤为重要。

而当前“阅读素养”研究成果和测评实践显示，深入阅读对象（文本）内部的、深入阅读活动内部的“阅读素养”指标体系和测评标准还没有建构起来。笔者认为，建构以文本为中心、以有效的阅读活动为支持、以建构为目标的阅读素养概念和指标，并且据此设计阅读成长路径是提升阅读素养、实现阅读价值的当务之急。

一、“阅读素养”的研究成果和测评实践

关于“阅读素养”一词，目前最有针对性也最具权威性的界定是由PISA 2018给出的：“学生的阅读素养是指学生为了实现个人目标、增进知识、发掘潜能与有效参与社会生活，而对文本进行理解、运用、评估、反思的能力以及对阅读活动的参与。”①

基于对不同于“知识”和“能力”的“素养”概念的理解，PISA为阅读素养确定了三个维度：文本、过程与情境。PISA认为，学生的阅读素

① 北京教育科学研究院国际学生评估项目（PISA）北京项目组. 学生阅读素养与提升PISA 2018中国测评结果及启示［M］. 北京：电子工业出版社，2020：6.

养在一定的阅读活动中体现，阅读活动可以从文本、过程与情境三个维度进行分解。“文本是阅读的材料，往往是围绕一个主题的单个或者多个文本，包含了学生解决阅读任务所需的信息。过程是指学生处理文本信息的认知方法，体现了学生如何去阅读文本并达成阅读目标。阅读情境是指该类型阅读发生时所处的多样化背景，反映了读者阅读可能持有的目标。”

在文本、过程与情境三个维度中，过程是阅读素养的核心体现，这一阅读认知过程既是对文本的处理过程，也是对情境中的任务的管理和完成过程。针对阅读素养的测评便是“通过对不同文本与情境的控制，便可调动学生不同的阅读认知过程，从而对学生的阅读素养进行测评”。其中，“对不同文本与情境的控制”是手段，是条件，而“阅读认知过程”是测评对象和测评内容。那么，“对不同文本与情境的控制”如何实现？“阅读认知过程”又有哪些指标呢？PISA 2018用以下“阅读素养测评框架”回答了这些问题。

阅读素养测评框架

维度	内容
文本	·按文本类型分：描述文本、叙述文本、说明文本、议论文本、指示文本、交流文本； ·按来源分：单一文本与多重文本； ·按组织与导航分：静态文本、动态文本； ·按文本格式分：连续文本、非连续文本、混合文本
过程	·定位信息：在一篇文本内访问并提取信息、搜寻和挑选相关文本； ·理解：理解字面意思、整合并进行推断； ·评估与反思：评估质量和可信度、反思内容和形式、发现并解决冲突
情境	·个人情境：私人信件、电影、传记、文学作品、信息文本（例如园艺指南）、电子邮件、短信、日志或博客等； ·公共情境：留言板、新闻网站、公告等纸质或网络文本；俱乐部规则、游戏得分记录等； ·教育情境：纸质教科书、电子教科书和交互学习软件等； ·职业情境：在报纸或者网页广告中找工作、找到工作场所所在地的方向等

在这一框架中，文本的内容有类型、来源、组织、格式，情境的内

容是各种应用场景和文本本身的用途，而“过程”亦即阅读素养的内容包括“定位信息”“理解”“评估和反思”。总体上说来，这一测评框架建构的出发点是实际生活中的真实阅读活动，其目标是基于阅读而更好地生活、为了更好地生活而阅读，因此，通过关注文本的来源而判断文本所提供的内容信息的有效性、通过关注情境而决定如何使用文本所提供的内容信息是其关注的重点。

要想更好地把握PISA 2018对阅读素养的理解、相关指标的确定和相关测评的组织，我们还需要看几道样题。

样题一：

在有些地方，例如美国，喝牛奶十分平常。

假想有三名学生，分别是安娜、克里斯多福和山姆，正在美国的一家咖啡店内。店主最近在橱窗中放置了一个告示，上面写着：“4月5日之后，本店将不再供应牛奶，而改为供应大豆制成的牛奶替代品。”

安娜、克里斯多福和山姆很想知道咖啡店为什么要停止供应牛奶，于是安娜开始用智能手机上网搜索“牛奶”二字。他们看了第一项结果并讨论起来。

后续内容是针对他们在不同网站上搜索到的多个相关文本的“认知过程”考题，这些考题包括“理解文字表达的意思”“反思文本的内容与形式”“综合多文本信息并形成推论”“发现和处理冲突”。

样题二：

你正在探访一位刚刚搬到农场养鸡的姑姑，你问姑姑：“你是怎么学养鸡的？”

姑姑说：“我们与很多养鸡的人交流，同时，互联网上也有很多资源。例如，我喜欢浏览的家禽健康论坛。最近，我有一只母鸡的腿部受了伤，这个论坛就对我很有帮助。让你看看我的一些讨论内容。”

后续内容是针对网络论坛上的一组帖子而设计的“认知过程”考题，这些考题包含样题一的所有考点，多了一项“评估质量与可信度”。

样题三：

想象一个本地的图书馆将在下周举办讲座，由附近大学的一位教授主讲，她会谈及自己在智利以西3200多公里、位于太平洋的拉帕努伊岛上的实地考察。

你们的历史班会参加这个讲座。老师要求大家先调查一下拉帕努伊岛的历史，以便在参加讲座前对此有些认识。

你阅读的第一份材料是一位教授在拉帕努伊岛生活期间撰写的博客文章。

后续内容是针对教授博客网页、书评和在线科学杂志新发布的文章三个文本而设计的“认知过程”考题，这些考题包含样题一的所有考点，多了一项“访问和检索文本信息”。

显然，PISA 2018的一大做法是充分利用了多元文本，并且根据文本的不同用途和特征设计题干和任务，要求学生在多个文本中检索信息，并根据题干或任务的要求选择最相关的文本；要求学生综合多个文本的信息并形成推论；要求学生发现不同文本之间存在的冲突并解决冲突，即确定多个文本之间是否有观点冲突，以及它们哪里产生冲突并决定如何处理冲突。

综合以上种种，我们可以得出一个结论：PISA 2018的侧重点在于为了生活（解决问题）而阅读，基于阅读而生活（解决问题），引导学生通过阅读多个文本获取有效信息，正确利用这些信息解决生活中的问题，这与学生在生活中开展的实际阅读过程十分相似。可以说，这是一种以任务（生活情境中的问题解决）为核心的阅读素养观，就文本来说，这种阅读素养观主要关注的是文本的内容，也就是文本写了什么，文本呈现了、提供了什么信息，而这些信息对于解决读者生活中的问题是有现实功能的。

这种以任务（生活情境中的问题解决）为核心的阅读素养观也体现在欧美国家的阅读教学中，以下是一个主题为“我们该去哪里？”的阅读教学设计：

你和你的家人一直在为即将到来的家庭假期做准备。在你家里，每个人都要帮助做假期计划。你的任务是找一个对全家人来说都很有趣的地方。经过研究，你最终的选择是有水的地方（活动包括钓鱼、划船、游泳、在沙滩上玩耍、在水边欣赏日出和日落等）。

为了这次假期，你阅读了相关书籍。其中有两篇特别的文章。它们所表达的意图／主题影响了你的决定。请写一份建议，向你父母提出今年夏天应该去哪里度假。通过解释你从阅读中得出的推论来支持你的建议。

关于阅读素养，除了PISA项目的相关研究和相应实践，目前国内受到广泛认同的研究成果还有聂震宁先生《阅读力决定学习力》一书中的“阅读力测评方案设计”。这一方案包括成年读者阅读力测评与中小学生阅读力测评两大类别。

成年读者阅读力测评“采取文本阅读测评法，即直接考查阅读者对文本的认知、理解和思辨。”“设计了两级阅读测评，即非专业读者阅读力测评和专业读者阅读力测评。非专业阅读是初级阅读，偏重于文学类、科普作品类、文化经典类的阅读；专业阅读是高级阅读，主要是文学类、史学类、科技文化类、哲学社科类作品的阅读。”“测评方案选取了一些有一定代表性的文本，对成年读者进行这两类阅读力测评。”“本方案成年读者阅读力的测评单采用等级评估的标准来衡量阅读力的高低，即优秀、良好、入门三个等级。”[1]

成年读者阅读力测评的特点如下：一是把阅读分为两类，把阅读力分为三级；二是关注文类；三是选择一些有一定代表性的、具体的、静态的经典文本，针对其内容及这些内容带给我们的影响进行题目设计。

中小学生阅读力测评将12个年级分为起步阅读阶段、过渡阅读阶段、基础阅读阶段、成熟阅读阶段、思辨阅读阶段，并且结合新课标对各阶段阅读的要求，将测评项目分成阅读兴趣、阅读方式、阅读策略、阅读习惯、阅读思辨五个方面，“采取阅读力素养测评和文本阅读测评相结合的方法，既考查每一阶段学生的阅读力素养，也考查学生对文本的认知、理解和思辨”。测评等级同样分为“优秀”“良好”“入门”三个等级。

可以说，这是一种以某一些具体文本为载体、以阅读行为的外显要素和相关要素为核心的阅读素养观，根据相关考题来看，就文本来说，这种阅读素养观主要关注的也是文本的内容，兼及这些内容对读者的认知和精神成长带来的影响。对于文本图式建构，对于文本中语言运用和文本整体建构的规律性知识习得和运用，该测评方案没有涉及。与阅读活动相关的测评项目中，只有“阅读思辨”项目深入阅读活动的内部，并且指向阅读者的主体建构；“阅读兴趣”“阅读方式”“阅读策略”和“阅读习惯”项目不具备这样的特征和功能，也很难进行量化测评。

因为教育改革和学科教学变革对“核心素养”的强调，一些语文学科领域的研究成果也涉及“阅读素养”。《基于学生核心素养的语文学科能力研究》一书第二章“语文学科能力表现的评价设计”第一节“指标设计”，把语文学科能力划分为学习理解、实践应用和创新迁移三个层级，其中学习理解层级包括观察注意、记忆、信息提取、分析概括、领会理解

① 聂震宁．阅读力决定学习力［M］．北京：现代教育出版社，2020：323-324．

五大要素，实践应用层级包括应用交际、解释推断、解决问题、策略应用四大要素，创新迁移层级包括发散创新、批判赏析、内化完善三大要素，并且对三大层级每一要素的具体内容进行了阐明。[①]《读写测评：理论与工具》基于考试大纲和课程标准确立了读写测评的框架要素。考试大纲的框架要素为识记、理解、分析综合、鉴赏评价、表达应用、探究六种能力。课程标准依照阅读与鉴赏、表达与交流、梳理与探究三种语文实践活动设计测评领域，其中阅读与鉴赏包括整体感知、信息提取、理解阐释、推断探究、鉴赏评价，梳理与探究分为从“语言”角度展开的“梳理与探究”和着眼于“文化”的“梳理与探究”。

“语言”角度的“梳理与探究”要求，主要关注两个方面：

梳理和探究的行为，由浅入深大致涉及：归类、发现联系、探索规律、专题探究；

梳理和探究的结果，主要是“语言运用规则”，对此有不同层次的要求：能说明自己的理解，能用自己的语言阐释，能运用于自己的语文学习实践。

着眼于“文化”角度的“梳理与探究”要求，也有一些侧重点：

梳理和探究的对象，有中国传统文化，有当代语言文化现象，以及其他文学、文化现象；

梳理和探究的行为，涉及日常的阅读和表达交流活动，也涉及调查访问、辩论演讲、专题讨论，以及其他各种社会实践活动；

梳理和探究的结果，主要是能了解、传承中华优秀传统文化，吸收先进文化。[②]

总体上说来，这一类研究对“阅读素养”的理解是以学习者（读者）为核心、以学习者（读者）的行为为表征的，这种阅读素养观似乎并不关心文本。

---

① 郑国民. 基于学生核心素养的语文学科能力研究［M］. 北京：北京师范大学出版社，2017：24.

② 叶丽新. 读写测评：理论与工具［M］. 上海：上海教育出版社，2020：64.

综上，从文本的角度来说，现有的“阅读素养”及其相关研究成果、测评实践要么只是关注了文本的“内容”要素，要么关注的是某一些具体的文本，要么完全不关注文本。

笔者认为，阅读是一种与文本密切相关、相伴而生的行为，唯有强化对文本的研究和认识，才能建构起更为科学的、更能有效指导阅读实践的阅读素养指标，也才能建构起更为科学的、更能助力人才培养的阅读成长路径。

二、以文本为中心：从语言到文本

如上，阅读是一种与文本密切相关、相伴而生的行为。这里的文本是指语言的实际运用形态，是作者根据一定的语言衔接和语义连贯规则而组成的整体语句或语句系统，由书写所固定下来，有待于读者阅读。

阅读主要是通过文本来获取信息、认识世界、发展思维，并获得审美体验与知识的活动。从某个角度来说，阅读也是从视觉材料中获取信息的过程，这里的视觉材料除了文字之外，还包括图片、符号、公式、图表等。笔者认为，作为阅读对象的视觉材料，我们都可以视为文本。而我们所讨论的阅读及其素养，主要针对的是文字文本。因为对文字文本的阅读及其素养，其底层逻辑是人类大脑的功能，无论从学理还是从实践上来看，都可以涵盖文字之外的其他视觉材料。

因为阅读与文本的深刻关系，阅读素养指标体系和测评标准首先应该体现文本的性质与特征。

关于文本，应该明确以下要点：

第一，文本是语言文字运用的成果。语言文字有字、词、词组、句子和句群五级，其知识体系包括语意和语用（语法、修辞和逻辑）。文本有形式（言）、内容（象）、主旨（意）三个要素，分别回答怎么写的、写了什么和为什么写三个问题，这是文本构成的基本图式。其中文本形式与语用相关，文本内容与语意相关。

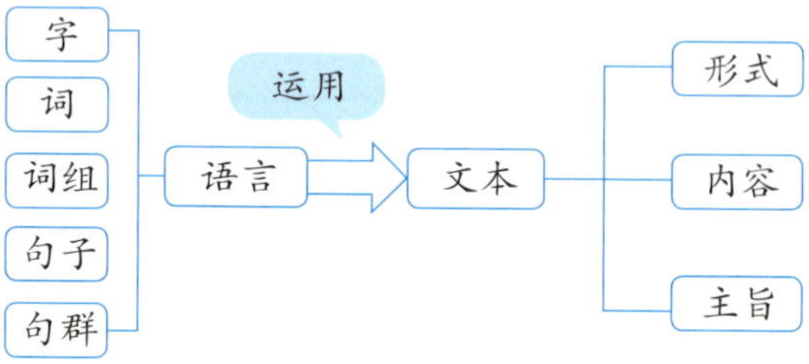

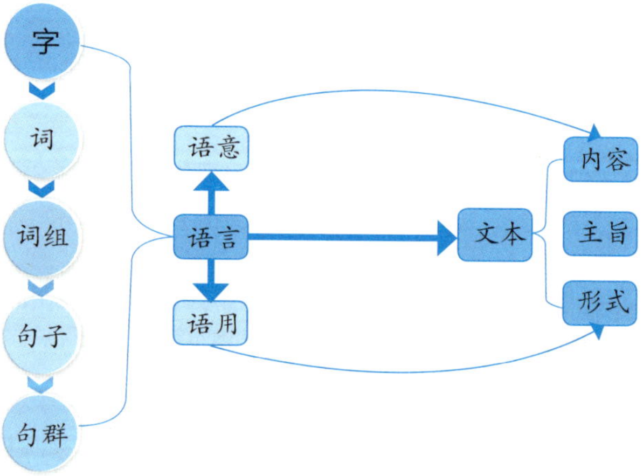

第二，文本的形式（言）、内容（象）、主旨（意）三个要素有不同的文体表征。信息性文本和文学性文本的不同，在形式（言）、内容（象）、主旨（意）三个要素上均有具体体现。就形式（言）而言，信息性文本的语言运用一般只需要满足语法要求；文学性文本的语言运用在满足语法要求的基础上，往往较多运用修辞手法和艺术技巧，表达方式灵活。就内容（象）而言，信息性文本的语意由构成它的语意组合而成，文本语境对语意起限制作用，可以说，信息性文本需要克服中文语意的丰富性和灵活性，努力实现表意的准确；文学性文本的语意由构成它的语意化合而成，文本语境对语意会产生生成作用，文学性文本更加充分地体现了中文语意的丰富性和灵活性。就主旨（意）而言，信息性文本的主旨通过语言文字表达出来，主旨和内容合二为一；文学性文本的主旨大多隐藏在语言文字的高处、深处和远处，需要探究才能获得。

第三，文本的形式一般包括语言运用、结构安排和风格特征。语言运用即语法、修辞和逻辑知识在文本建构过程中的体现和实践，也包括篇章艺术技巧；结构安排与语法一脉相承，都是组成整体的各部分的搭配和安排；风格特征由文本多方面因素共同形成，最终表现为形式特征。文本形式服务于内容和主旨的表达，同样存在文体表征。信息性文本的语言运用在满足语法要求的前提下，更多体现逻辑要求；文学性文本在满足语法要求的前提下，更多运用修辞手法，在词句运用、表达方式、艺术技巧方面也会有更多变化。

第四，文本的内容即文本的字面意义，可以按照段落、层次和类别由小到大进行梳理、分析和概括，最终得出整体文意。文本的内容也有不同的文体表征，如信息性文本中的议论文的内容三要素是论点、论据和论证（分论点）；文学性文本中的小说内容三要素为人物、情节和环境，诗歌内容三要素为意象、意境和通过文字表达出来的情感，散文内容要素是“形散而神不散”的“形”，即多个材料；戏剧内容三要素为人物、情节（冲突）和环境。

以上要点是关于文本的基本知识，它们决定着阅读活动的效能和阅读素养的水平。因此，笔者将文本、文本三要素、文本的文体表征作为阅读活动中的大概念，作为阅读素养的一级指标、二级指标和三级指标。

三、以成长为目标：从积累到建构

必须明确的是，阅读不是阅读的目的，阅读积累也就是对某一些特定文本的记忆，因此不应该是阅读素养的主要测评内容；用文本的内容指导生活和工作也不应该是阅读素养的全部或重点测评内容。就语言文字运用能力提升这一语文学科的课程性质和教学目标而言，所有文本的内容都只是指向拓展，包括语料和材料的拓展，都不是语文学科的必备知识，阅读活动必须指向大概念，必须通过探寻语言运用和文本建构的规律让阅读者获得成长。是的，阅读的目的应该是成长，文本三要素决定了成长的三个方面，而成长的路径是一个从积累到建构的过程，也是一个由读者到作者的过程。

关于与文本密切相关、相伴而生的阅读活动，也应该明确以下要点：

第一，阅读是一个复杂的活动，眼睛看到文字，手指指点文字或翻动书页，口有时读出文字的声音，这些是表层的可见的阅读行为；与此同时，头脑将文字的形体转换成信息或意义，头脑组合这些信息或意义并且吸收或者反思，头脑还在不断推向深入的思维活动中增进自己的功能，心灵和情感活动参与其中，从而促进理解，这些是深层的不可见的阅读行为。总体上说来，阅读是一个阅读者生命体整体投入的活动，是阅读者和文本及其作者双向奔赴的活动。

第二，阅读是一个基于文本认知图式和个人认知水平开展的综合性认知活动，是一个包含理解、鉴赏、探究和评价、运用在内的思维过程。这一认知活动和思维过程会反过来帮助阅读者建构认知图式、提升认知水平。

第三，阅读活动具有多方面的功能。具体来说，阅读通过语言认知促进大脑发育，为阅读者的成长储备优良的物质条件，夯实阅读者的认知基础；阅读通过文本图式建构促进思维发展，提升阅读者的认知水平；阅读通过认知水平提升促进阅读者的生命价值实现，帮助阅读者成长为健全的人、完整的人、饱满的人。

第四，阅读活动包含对文本内容的理解、对文本主旨的探究和对文本形式的鉴赏，包含内容、主旨、形式在内的文本认知图式对于阅读活动的开展起基础性作用。就阅读思维来说，阅读积累以记忆为主，阅读活动以分析为主，阅读转化以创造为主。

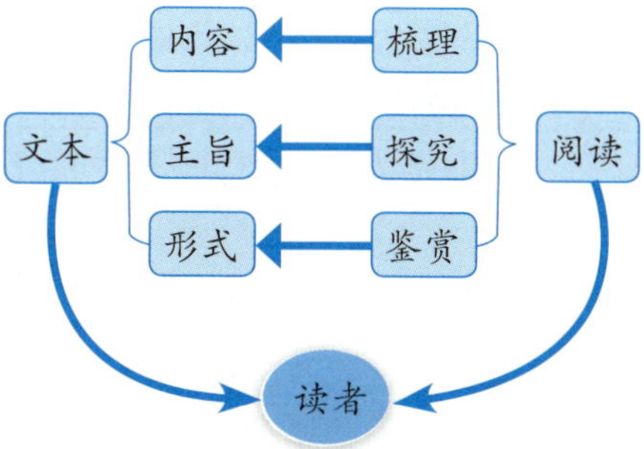

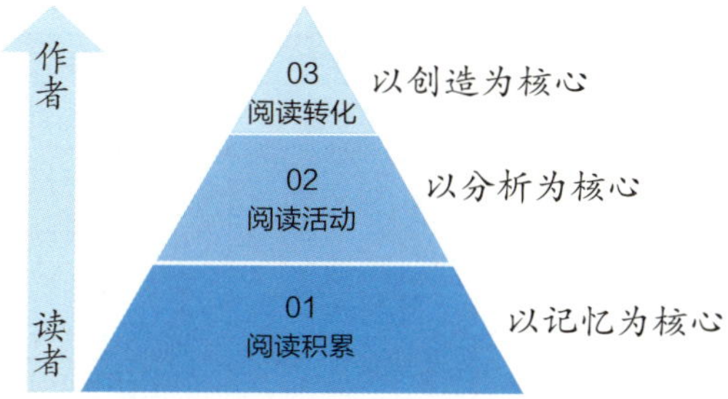

第五，阅读素养有一个从阅读积累（知识），到阅读活动（能力），再到阅读转化（素养）的发展进阶。阅读积累除了内容要素上的语料和材料，还应该积累形式要素上的语用知识和主旨要素上的思想资源，积累文章范式；阅读积累的作用除了用文本内容指导生活和工作，还包括用文本形式指导语言文字运用，用文本主旨指导人生，促进生命价值实现。阅读活动中的理解即梳理和解析，探究即探析和研究，鉴赏即鉴别和赏析。阅读转化是基于文本建构底层逻辑的结构化转化，最终表现为文本和文化的创造。

四、中文阅读素养指标体系表

综上，和大多数人所理解的运用文本内容所提供的信息指导生活的阅读素养不同，笔者认为，阅读素养是基于文本的知识和规律，按照阅读的要求和路径，在真实情境中规范化阅读文本、体系化利用文本和创造性建构文本的能力。

由此，笔者将中文阅读素养一级指标确定为以文本为核心的阅读积累亦即对文本知识的记忆层级、阅读活动亦即阅读能力抑或分析高阶思维层级、阅读转化也就是指向创造的阅读素养层级；二级指标确定为以文本要素为核心的内容、主旨和形式，这三个要素在阅读知识、阅读能力和阅读素养三个层级上有不同表现；三级指标则分为文体表征、阅读活动和相关要素三个方面，可分别指称为三级文本指标、三级活动指标和三级相关指标。列表如下：

中文阅读素养指标体系表

<table>
<tr><th>一级指标</th><th>二级指标</th><th colspan="3">三级指标</th></tr>
<tr><td>（文本）</td><td>（文本要素）</td><td>（文体表征）</td><td>（阅读活动）</td><td>（相关要素）</td></tr>
<tr><td rowspan="8">阅读积累
（知识）
（记忆）</td><td rowspan="2">内容积累</td><td>语料积累</td><td rowspan="8">机械记忆
理解记忆
关联记忆
情境运用</td><td rowspan="8">经典单篇文本
经典整书文本</td></tr>
<tr><td>材料积累</td></tr>
<tr><td rowspan="2">主旨积累</td><td>思想认知资源积累</td></tr>
<tr><td>情感态度资源积累</td></tr>
<tr><td rowspan="4">形式积累</td><td>语用知识积累</td></tr>
<tr><td>语用技巧积累</td></tr>
<tr><td>结构范式积累</td></tr>
<tr><td>风格范式积累</td></tr>
<tr><td rowspan="11">阅读活动
（能力）
（分析）</td><td rowspan="6">内容理解</td><td>词意</td><td rowspan="6">梳理
解析
概括
评价
推断
情境运用</td><td rowspan="11">基础型文类
（记叙文）
（议论文）
（说明文）
（应用文）

创造型文类
（实用类文本）
（论述类文本）
（文学类文本）</td></tr>
<tr><td>句意</td></tr>
<tr><td>段意</td></tr>
<tr><td>层意</td></tr>
<tr><td>类意</td></tr>
<tr><td>文意</td></tr>
<tr><td rowspan="2">主旨探究</td><td>人的状况</td><td rowspan="2">探寻
透析
研究
评价
情境运用</td></tr>
<tr><td>文化的状况</td></tr>
<tr><td rowspan="3">形式鉴赏</td><td>语言运用</td><td rowspan="3">鉴别
赏析
归纳
评价
情境运用</td></tr>
<tr><td>结构安排</td></tr>
<tr><td>风格特征</td></tr>
<tr><td rowspan="12">阅读转化
（素养）
（创造）</td><td rowspan="4">内容创造</td><td>三联拓展：内容</td><td rowspan="12">关联性拓展
结构化迁移
整体性提升
创造性建构</td><td rowspan="12">学科认知情境
社会生活情境
个人体验情境</td></tr>
<tr><td>三思迁移：思维</td></tr>
<tr><td>三力提升：感受力</td></tr>
<tr><td>三真表达：真情</td></tr>
<tr><td rowspan="4">主旨创造</td><td>三联拓展：主旨</td></tr>
<tr><td>三思迁移：思想</td></tr>
<tr><td>三力提升：判断力</td></tr>
<tr><td>三真表达：真理</td></tr>
<tr><td rowspan="4">形式创造</td><td>三联拓展：形式</td></tr>
<tr><td>三思迁移：思路</td></tr>
<tr><td>三力提升：表达力</td></tr>
<tr><td>三真表达：真知</td></tr>
</table>

目录

CONTENTS

第一章 阅读积累

一、内容积累 3

二、主旨积累 7

三、形式积累 9

第二章 阅读活动之内容理解

一、词意理解 16

二、句意理解 33

三、段意理解 42

四、层意理解 50

五、类意理解 60

六、文意理解 72

第三章 阅读活动之主旨探究

一、人的状况 97

二、文化的状况 105

第四章 阅读活动之形式鉴赏

一、语言运用 124
二、结构安排 137
三、风格特征 147

第五章 阅读转化

一、内容创造 155
二、主旨创造 161
三、形式创造 166

第六章 促进阅读素养提升的语文学科教学改进

一、指向文本大概念，建构知识图谱 176
二、指向阅读大概念，建构思维图型 177
三、指向规律大概念，建构关系图式 178

后记 179

附：中文阅读素养指标体系与测评标准 183

第一章

阅读积累

阅读积累是指读者对经典文本的了解和掌握情况，对于中小学生来说，这些经典文本包括语文教材上要求背诵的优秀单篇文本、教材指定的必读整书文本，也包括学校要求或自主阅读的其他主题拓展文本；对于其他读者来说，这些经典文本可以是任何在形式（言）、内容（象）和主旨（意）方面都具有典范性和示范性的文本。

因为经典文本的典范性和示范性，通过阅读积累经典文本的相关知识对于提升阅读能力和阅读素养可以起到基础性作用。因此，阅读积累是指向文本、以经典文本为阅读对象的阅读素养的第一个一级指标。

从目前的情况来看，读者的经典文本阅读积累大多只是针对文本内容，其表征是能够背诵文本，相关测评方式为默写。笔者认为，经典文本的知识积累除了内容积累之外，主旨积累和形式积累也应该被囊括在内，一方面因为经典文本在这三个文本要素上都具有典范意义和示范作用，三个要素都不应被偏废；另一方面三个文本要素的全面积累有助于读者建构起文本要素图式。而这一文本图式的建构对于阅读能力和阅读素养而言十分关键，因此，阅读积累的二级指标有三个，为针对文本三要素的“内容积累”“主旨积累”和“形式积累”。其中“内容积累”的三级指标为“语料积累”和“材料积累”，“主旨积累”的三级指标为“思想认知资源积累”和“情感态度资源积累”，“形式积累”的三级指标为“语用知识积累”“语用技巧积累”“结构范式积累”和“风格范式积累”。对于经典文本三个二级指标和八个三级指标的积累，主要通过记忆这一大脑对经验过事物进行识记、保持、再现或再认的认知活动实现，我们把阅读积累在大脑活动维度的测评指标确定为“机械记忆”“理解记忆”“关联记忆”和“情境运用”四大指标。由此，阅读积累层级的阅读素养指标体系如下表所示：

阅读积累指标体系表

一级指标（文本）	二级指标（文本要素）	三级指标				
		（文体表征）	（阅读活动）			
			机械记忆	理解记忆	关联记忆	情境运用
阅读积累（知识）（记忆）	内容积累	语料积累				
		材料积累				
	主旨积累	思想认知资源积累				
		情感态度资源积累				
	形式积累	语用知识积累				
		语用技巧积累				
		结构范式积累				
		风格范式积累				

一、内容积累

阅读积累是针对阅读者在经典文本内容方面的掌握情况而言的。文本“内容”回答文本写了什么的问题，是构成文本的文字的字面意义的呈现与集合。在语文学科知识体系中，不同文体的内容有不同的概念加以抽象化的表达，具体而言，文学类文本中的小说是人物、情节和环境，诗歌是意象、意境和情感，散文是指向同一主题的多个材料，戏剧也是人物、情节和环境，只是其情节表现为戏剧冲突；论述类文本是论点和论据；实用类文本就是作者要表达的各种信息。

需要注意的是，文本的作者及其生平经历、写作背景有助于阅读者对文本内容的理解，可纳入考查范围，但必须明确，这些知识不属于语文学科必备知识，也不应该作为阅读能力和阅读素养的指标。在语文学科教学中，“知人论世”被作为一种有效的阅读方法而大量和经常地运用，必须要明确的是，“知人论世”必须服从于阅读能力和阅读素养提升这一根本目的，而这一根本目的表现为阅读者在阅读活动中形成的对语言文字的敏感度、深度进入文本的能力以及对语言文字运用原理和文本建构规律原理的探索和掌握。

对经典文本内容的积累是通过大脑的记忆活动实现的。记忆是人脑对经验过的事物的识记、保持、再现或再认，它是进行思维、想象等高级心理活动的基础。对经典文本的内容积累要求和考查的是阅读者的记忆能力，而内容积累的阅读活动过程也会促进阅读者的记忆能力发展，这是一个在记忆中发展记忆的过程。

对经典文本内容的积累，应该包括文本中的语料和材料两个方面，阅读素养意义上的经典文本内容积累，应遵循从机械记忆、理解记忆、关联记忆到情境运用的阅读活动进阶。

综上，经典文本内容积累测评指标有文本和阅读活动两个维度、两种方向、两条路径上的呈现，其测评标准如下：

（一）有序进行四大进阶的内容积累阅读活动，最终实现在情境中准确运用已经积累的经典文本语料和材料。

（二）有效积累文本中的语言材料（包括字、词、词组、句子和句群五级，主要是词和句子，即我们常说的“好词好句”），能对其语意和语用进行准确阐释和说明。

（三）有效积累文本中的材料，并能对其意义和适用情境进行准确阐释和说明。

（四）能够在文意的整体性和语意的关联性对材料表意的典型性进行分析和阐释，并明确文本中材料的功能和文本中材料选择的要求。

下面以语文阶段性测评中的默写题为例进行阐释。

二、（1小题，8分）

6. 古诗文默写（8分）

（1）根据课本，补写出下列名篇名句中的空缺部分。（六题只选四题作答）（4分）

①____________，却话巴山夜雨时。（李商隐《夜雨寄北》）

②念天地之悠悠，__________！（陈子昂《登幽州台歌》）

③____________，今夕是何年。（苏轼《水调歌头》）

④几处早莺争暖树，__________。（白居易《钱塘湖春行》）

⑤青树翠蔓，蒙络摇缀，__________。（柳宗元《小石潭记》）

⑥沉舟侧畔千帆过，__________。（刘禹锡《酬乐天扬州初逢席上见赠》）

这道古诗文默写题针对的是中国古代经典诗词，采用的测评方式是机械记忆。机械记忆是指在知识和材料本身无内在联系或不理解其意义的情况下，按照知识的内容或材料的顺序，通过机械重复方式而进行的识别和记忆。如对无意义音节、地名、人名、历史年代等的识记。这种识记具有被动性，但它能够防止对记忆材料的歪曲。对于阅读积累而言，这种机械识记也是必要的，因为有一部分文本内容的确是需要精确记忆的。也有些内容，阅读者尤其是学生限于知识经验的不足，不可能真正理解其意义，但这些知识对以后的学习和生活是有价值的，也应该进行机械识记。

当然，在实际的阅读积累过程中，纯粹的机械识记是很少的，人们在识记过程中，总是尽可能地把材料加以意义化。按照信息加工理论的观点，个人对任何输入的信息都要尽可能地按自己的经验体系或心理格局来进行最好的编码。理解记忆即基于意义的识记，是在对材料内容的意义形成理解的基础上，通过材料的内在联系而进行的记忆。理解是对材料的一种加工，它根据人的已有知识经验，通过分析、比较、综合等思维活动来反映材料的内涵以及材料各部分之间的关系。理解记忆是一种比机械识记更复杂的心理过程，它是阅读者对文本知识、文本材料进行识别和记忆的主要形式。如以下两道考题：

（2）某同学收集了描写山水的诗文，请你根据批注，完成表格。（4分）

题目	作者	描写山水的句子	批　注
《送友人》	李白	青山横北郭，白水绕东城。	山水含情，明丽轻快。
《观沧海》	曹操	①______，______。	山水壮阔，动静结合。
《答谢中书书》	陶弘景	②______，______。	山高水净，清峻秀美。

17. 补写出下列句子中的空缺部分。（6分）

（1）《论语·述而》中“________，________”两句，比较精辟地阐述了君子心胸开阔，神气安定，小人则斤斤计较，患得患失。

（2）“青鸟”是古诗词中常见的意象，如李璟《摊破浣溪沙》中有“青鸟不传云外信，丁香空结雨中愁”，又如李商隐《无题》中有“________，________”。

（3）“三春花事好，为学须及早”（无名氏《惜时》），劝人早学、早为的诗句在古诗词中俯拾即是，如“________，________”。

这两道考题与前面的考题有所不同，它考查的是理解记忆和以理解记忆为基础的关联记忆。理解记忆的考查方式多为给出文本名称和要填写语词或语句的意义（通过表格中的“批注”和题干中的表述呈现），请阅读者基于对文意和语意的理解，在文意的整体性和语意的关联性中进行填写。关联记忆指向两个或两个以上的文本，其关键是找到不同文本之间的关联点，这两道考题就基于不同文本所写的相同或相关内容进行了考查。

基于机械记忆的经典文本内容积累是难以在真实情境中加以运用的，理解记忆和关联记忆是情境运用的基础。我们以下面的文字为例进行阐明：

古往今来，许多有作为的“官”都以关心百姓疾苦为己任。从范仲淹的“先天下之忧而忧，后天下之乐而乐”，到郑板桥的“些小吾曹州县吏，一枝一叶总关情”；从杜甫的“安得广厦千万间，大庇天下寒士俱欢颜”，到于谦的“但愿苍生俱饱暖，不辞辛苦出深林”，都充分说明心无百姓莫为“官”。

——习近平《心无百姓莫为“官”》

好喜欢人世间，好喜欢这种很俗的生活。“离群索居的人，不是野兽就是神明。”我贪心，我贪恋人间的烟火气，所以我决定留在这里。“于时间无涯的荒野里，没有早一步，也没有晚一步，原来你也在这里……”

“弃我去者，昨日之日不可留，乱我心者，今日之日多烦忧。”不要为失去而悔恨，其实你只要再次出发，兴许你能看到另一番风景，它不一定非要如之前的壮阔，但它也是风景。

“月有阴晴圆缺，人有悲欢离合，此事古难全。”它全不了，苏东坡就没有全，少平少安也不能全，你我也不能全。

——董宇辉金句

以上文字中打引号的部分都是作者在经典文本内容方面所做的积累，因为是理解记忆和关联记忆的积累成果，所以在自己的意义表达和文本建构中可以非常准确地加以运用，从而强化表达效果。

二、主旨积累

文本主旨回答的是作者为什么写的问题，作者运用语言和调遣材料，其根本目的是要表达自己的主观态度，这种主观态度往往就是文本的主旨，就是作者为什么要建构文本的行为动机，是创作的内驱力，也是作者通过文本真正要表达的意义。主旨积累就是针对经典文本的意义而言的，它包括思想认知资源积累和情感态度资源积累，为了表达的方便，我们也可以统称为“思想”。

同样，经典文本主旨积累测评指标有文本和阅读活动两个维度、两种方向、两条路径上的呈现，其测评标准如下：

（一）有序进行四大进阶的主旨积累阅读活动，最终实现在情境中准确运用已经积累的思想认知资源和情感态度资源。

（二）有效积累文本主旨中的思想认知资源和情感态度资源，并能对其意义和适用情境进行准确阐释和说明。

（三）有效积累文本主旨中的思想认知资源和情感态度资源，并且作用于自己的世界观、人生观和价值观建构。

（四）能够对文本主旨的价值进行评价和阐释，并且在文意的整体性和语意的关联性中明确文本中主旨的功能和主旨对材料、对语言提出的要求。

经典文本的主旨往往具有超越性，其作者关注人的状况和文化的状况，以理想的人和理想的文化为参考来观照当下，引导读者在关注物质的同时关注精神，在关注自己的同时关注他人、关注社会，在关注当下的同时关注更宽广的时空。比如经典名著《朝花夕拾》揭露了违背人性的繁缛礼节、古怪禁忌、虚假孝道、荒谬医学，批判了压抑人、戕害人的礼教文化；《骆驼祥子》讲述了一个诚实劳动者的奋斗和沉沦，批判了不能让诚实劳动的人实现梦想的不合理的社会。

因为标准的缺失和路径的模糊，相关测评很少对某一个或某一些经典文本的主旨积累进行直接考查，虽然如此，能否在阅读一个新文本的活动中读懂文本超越性的、潜藏在文字字面意义之后的主旨，能否形成或创生出自己的主旨，从而获得促动文本创造行为发生的内驱力，这实际上是阅读能力的体现，是阅读转化的关键，也是阅读素养的重要指标。

三、形式积累

文本形式回答的是作者怎么写的这一问题，也就是作者如何运用语言和安排结构，以便更好地呈现材料和表达意义。这是一个和语文学科核心素养关联度最高的阅读素养指标，该指标的落实度决定了阅读教学中语用能力提升的效度，形式积累包括语用知识积累、语用技巧积累、结构范式积累和风格范式积累。

同样，经典文本形式积累测评指标有文本和阅读活动两个维度、两种方向、两条路径上的呈现，其测评标准如下：

（一）有序进行四大进阶的形式积累阅读活动，最终实现在情境中准确运用已经积累的经典文本形式技巧。

（二）有效积累文本中的语用知识（包括语法、修辞和逻辑），能对其用法和效能进行准确阐释和说明。

（三）有效积累文本中的语用技巧，并能对其用法、效能和适用情境进行准确阐释和说明。

（四）有效积累文本的结构范式，并能对其用法、效能和适用情境进行准确阐释和说明。

（五）有效积累文本的风格范式，并能对其用法、效能和适用情境进行准确阐释和说明。

（六）能够在文意的整体性和语意的关联性中对形式的特征和效能进行鉴别和赏析，并明确文本中形式的功能。

不管是单篇还是整书，经典文本的形式都具有典范性和示范性，语言运用和结构安排的一般性规则也往往来自经典文本，通过经典文本的阅读积累语用知识、语用技巧、结构范式和风格范式，是学习语言文字运用和文本建构、提升语言文字运用和文本建构水平的最佳路径。

相关测评虽然很少对某一个或某一些经典文本的形式积累进行直接考查，但能否准确掌握语法、修辞和逻辑知识并且熟练运用与有效表达，是语文学科测评的重点，也是阅读素养测评的题中应有之义。因此，形式积累也是经典文本阅读积累的重要内容和阅读素养的重要指标。

需要注意的是，基于文本三要素的整体性和文本图式的重要性，阅读积累层级的测评标准也按照阅读活动中的机械记忆、理解记忆、关联记忆和情境运用四个进阶层级，针对某一个经典文本进行。也就是说，读者在进行阅读积累的时候，要有意识地针对一个经典文本的内容、主旨、形式三个要素进行。如此，不仅可以强化和深化对一个文本的全面了解和对一个文本价值的系统吸纳，而且有助于建构起对于阅读活动起基础作用和关键作用的文本三要素图式。这也是以文本为核心的、指向建构的阅读素养所要求的。

与此同时，根据不同年龄阅读者大脑发育、心理成长及其认知特点而进行的分级阅读在阅读积累阶段也应该从内容、主旨、形式三方面进行读物文本的选择和确定、阅读的指导和推进，从而助力于阅读者的大脑发育、思维发展和生命实现。阅读分级不宜过于琐细，可以分成“学前”“小低”“小高”“初中”“高中”“成人”六个阶段，如下表所示：

经典文本（单篇和整书）阅读分级表

学习阶段	内容	主旨	形式
学前			
小低			
小高			
初中			
高中			
成人			

第二章

阅读活动之内容理解

文本“内容”由构成文本的文字承载，是构成文本的文字的意义的呈现与集合，它回答文本写了什么的问题。在阅读活动中，阅读者通过视觉感官获得每个文字的外形，几乎同步调动大脑运作机制，以词语为单位对语意进行识别，并且在文本文意的整体性和语意的关联性中对语意和文意进行确定，从而得知文本内容是什么亦即文本写了什么。

文本“内容”在不同文体的文本中有不同的表征，在信息性文本中的表征为信息；在文学性文本小说中的表征为人物、情节和环境三要素，在文学性文本诗歌中的表征为意象、意境和通过文字表达出来的情感，在文学性文本散文中即“形散而神不散”的“形”，我们也可称之为“材料”，在文学性文本戏剧中大多也表现为人物、情节（冲突）和环境三要素。有些时候，我们也用“象”“材料”“信息”等概念表达“内容”之意。

语言文字由小到大分为五级——字、词、词组、句子和句群，其中词是能够独立运用的最小的语言单位；句子是由词和词组构成、能够表达一个完整意思的语言运用的基本单位；句群是几个在意义和结构上有密切联系的各自独立的句子组成的言语交际单位，由前后连贯共同表示一个中心意思的几个句子组成。在文本中，词语和句子有符合自己概念内涵的形式，比较容易辨识；而句群是语意单位，由多个句子构成，没有明确的结构形式可供辨识和判断，对一个句群的辨识凭借的是对语意的归纳和切分。句群和文本中最为显见的结构要素——自然段落有着复杂的关系。

文本由五级语言文字逐级建构而成，其意义和结构都非常复杂。文本最为显见的结构要素是自然段落。从理论上来说，一个自然段落应该由两个或以上句群构成（当然，实际的情况是：一个自然段落也有可能是一个词、一个词组、一个句子或者一个句群）。根据文意的变化，多个自然段落所构成的一个更大层级的意义单位便是“层次”，文意的变化处就是层次的切分处，不同层次之间的关系可能是顺承（接着说），可能是逆转（反着说），也可能是另起（另外说）。另外，文本中还有一个被忽略的意义单位，那就是由出现在文本不同位置的语意关联所形成的“类别”。文本的内容即文本的字面意义由段意、层意和类意逐级形成。

我们把五级语言单位的意义称为语意，把文本的整体字面意义也就是文本的内容称为文意，从语言文字到文本、从语意到文意有一个由小到大的进阶，图示如下：

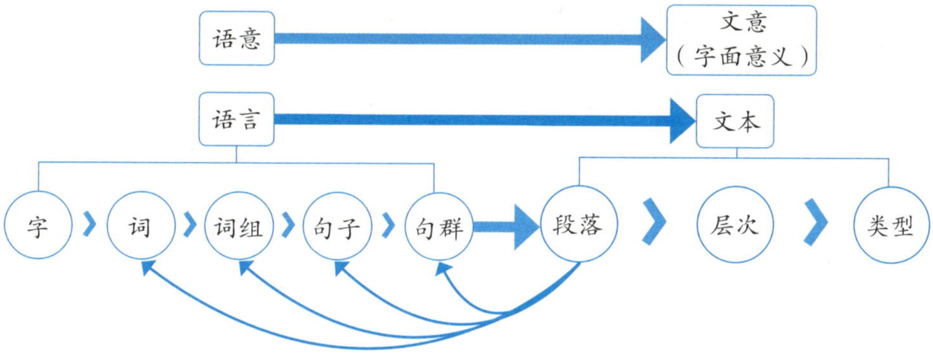

由此可见，文意的获得需要以词语的积累为基础，按照从语言各级单位语意到文本各级单位文意的解读过程有序进行。在语言各级单位中，词和句子非常重要，词意和句意是语意解读阶段的重点，有了对词意和句意的正确解读，我们才能进行文本各级单位也就是段意、层意和类意的解读。

“理解”既是一种结果，也是一个过程。作为结果的“理解”表现为对意义准确的概括性表达；作为过程的“理解”包括“理”（即梳理）和“解”（即解析），这是一个以对构成文本的词语意义的积累和辨识为基础，通过对构成文本的语言即词语、句子和文本各级单位即段落、层次和类别的意义进行梳理和解析，从而获得文本整体意义的过程。

由此，从语意到文意的解读过程一般来说需要五步：词意、句意、段意、层意、类意，并最终获得文意。这是一个完整的认知活动过程，在作为读者的主体的生命体整体活动和作为读物的文本的语义整体场域的双向奔赴中实现，其间伴随着灵活而又复杂的直觉思维、形象思维、逻辑思维、批判性思维和创造性思维活动（其中最为活跃和最为重要的是形象思维和逻辑思维），并且表现为词意理解、句意理解、段意理解、层意理解和类意理解的阶段性成果和文意理解的最终结果。

由此，词意、句意、段意、层意、类意、文意，既是阅读活动中内容理解由小到大的六层进阶，也是六个测评单位和六种测评指标。这六层进阶、六个测评单位和六种测评指标是在“理解”也就是梳理和解析的阅读活动中完成的，从这个意义上来说，梳理和解析的阅读活动过程以及其中包含和后续相关的诸种活动，也是阅读活动中内容理解的测评指标。

具体说来，“理解”中的梳理活动包括词意、句意、段意、层意、类意、文意六个测评指标相关信息点的提取、分类和整合，解析活动包括六个测评指标相关信息点的单点分析、多点分析和全部信息点的全点分析，最终实现对六个测评指标尤其是最高进阶指标文意的意义综合和概括。

阅读是个开放的活动，是读者、文本、作者和世界之间的多向互动活动。越是阅读素养高的读者，越是阐释空间大的文本（经典），这种互动活动就越是活跃。正是在这种互动过程中，读者得到培养，文本的意义也得到不断的开掘。具体说来，在阅读素养测评中，与语意和文意“理解”相关的后续活动为评价、推断和情境运用，这是在文本内容理解过程完成、结果呈现也就是意义综合和概括出来之后的阅读活动，也是阅读活动中内容理解的测评指标。

综上，阅读活动中内容理解的测评指标便有了两个维度、两种方向、两条路径上的呈现：第一是基于文本意义构成的“词意”“句意”“段意”“层意”“类意”“文意”六层进阶指标，这里测评的是理解的结果；第二是基于阅读活动开展和推进的全过程活动方式指标，这里测评的是理解过程中的阶段性成果，我们将其切分为梳理、解析、概括、评价、推断、情境运用六层进阶指标，这是一个解读的阅读活动过程。如下表所示：

文本内容理解三级测评指标体系表

<table>
<tr><th colspan="11">三级指标</th></tr>
<tr><th rowspan="5">文体表征</th><th colspan="10">阅读活动</th></tr>
<tr><th colspan="10">内容理解</th></tr>
<tr><th colspan="3">梳理</th><th colspan="3">解析</th><th>概括</th><th rowspan="2">评价</th><th rowspan="2">推断</th><th rowspan="2">情境运用</th></tr>
<tr><th>提取</th><th>分类</th><th>整合</th><th>单点分析</th><th>多点分析</th><th>全点分析</th><th>意义综合</th></tr>
<tr></tr>
<tr><td>词意</td><td></td><td></td><td></td><td></td><td></td><td></td><td></td><td></td><td></td><td></td></tr>
<tr><td>句意</td><td></td><td></td><td></td><td></td><td></td><td></td><td></td><td></td><td></td><td></td></tr>
<tr><td>段意</td><td></td><td></td><td></td><td></td><td></td><td></td><td></td><td></td><td></td><td></td></tr>
<tr><td>层意</td><td></td><td></td><td></td><td></td><td></td><td></td><td></td><td></td><td></td><td></td></tr>
<tr><td>类意</td><td></td><td></td><td></td><td></td><td></td><td></td><td></td><td></td><td></td><td></td></tr>
<tr><td>文意</td><td></td><td></td><td></td><td></td><td></td><td></td><td></td><td></td><td></td><td></td></tr>
</table>

阅读活动中内容理解的过程是否顺畅、阶段性成果和最终结果是否准确，其决定因素首先是阅读者是否建构起由形式、内容和主旨（言、象和意）三要素构成的文本认知图式；其次是阅读者是否在阅读积累（以记忆为核心的具体文本知识）和阅读活动（以分析为核心的理解、探究和鉴赏）中提升了认知水平；再次是阅读者是否能够按照从语意到文意的六层

进阶，按照从梳理到解析、最终表现为概括并且基于概括开展后续活动的六层进阶，有章法、有次序地开展认知活动。

也就是说，阅读素养的底层逻辑是阅读者关于文本这一阅读对象的认知图式、阅读者的阅读认知水平和阅读者的一次针对某一文本的阅读认知活动的效度。其中，认知图式和认知水平是认知活动有效性的基础和保障，当然，认知图式和认知水平能够在认知活动中得到提升，也得到落实和检验。

因为阅读素养实际上由阅读者的认知图式、认知水平和认知活动三者构成，认知图式的强度和清晰度、认知水平的高度和适用度、认知活动的效度和灵活度决定了阅读素养的层次，而阅读素养的提升也应该在这三方面努力。从理论上来说，读得越多，也就是阅读活动开展得越多，阅读素养就应该越高，但实际情况却并非如此，原因就在于没有在建构认知图式、提升认知水平上努力。当然，当我们确立了阅读素养提升应该在认知图式、认知水平和认知活动三方面努力这一前提，读得越多，阅读素养就应该越高；反之，阅读素养越高，也就会读得越多。把阅读活动和阅读素养连接在一起的，是成就感和成长感，是认知图式的不断增强、认知水平的不断提高、认知活动的不断推进，这就是阅读素养提升特定的路径和规律，这就是优秀读者养成的底层逻辑。

一、词意理解

如前所言，词是能够独立运用的最小的语言单位，对词意（含词组意思）的辨识和解读是文意理解的第一步。与文本中的词意理解相关的语言必备知识首先是词语的义项，义项是多义词的每一个不同意义。现代汉语中的词语多为多义词，其意义系统非常复杂，一般包含本义、引申义和比喻义，本义、引申义和比喻义可能分别有几个义项。本义是指词的起源义，即词的最初意义；引申义是由词的本义引申出来的并经过推演发展而产生的意义；比喻义是由词的本义（或引申义）的比喻用法而形成的意义。比如词语“年”的本来意义是谷物成熟，庄稼丰收，后来才引申变化为计时的单位；词语“红”的基本意义是一种表现为红的颜色，后又引申派生出成功，受人赞赏、赏识和革命或政治觉悟高等意思。因为词语义项的复杂特征，现代汉语中存在很多在语意上具有相关性的词语，即同义词、近义词和反义词。

文本中的词意理解需要以对词意的积累和辨识为基础。一般情况下，积累的词语越多，文本解读的能力也就越强。

需要注意的是：文本内容理解中的词意理解不是机械的死记硬背，也就是对一个词语的意义和用法在词典上的注释的照搬照用；也不是对一个词语孤立的理解，即把文本的意义视为一个词语意义、用法和其他词语意义、用法的简单相加。文本的意义由词意到句意、层意、类意一步步构成，但同时，作为词语运用的语境，比词语层级高的语言单位的意义包括文意、类意、层意、句意都会对词意产生作用。这种作用的发生有基本的规律，那就是在不同的文体中有不同的表现，具体为：在信息性文本中，这种作用多表现为限定，即在词语的多个义项中有所选择而使用，若文本中词语的意义不同于词典上的既定阐释，文本需对其内涵和外延加以阐明；在文学性文本中，这种作用有时会表现为生成，即在词语既定义项的基础上，创造性地赋予词语新的意义和用法。据此，我们把由语意合成文意的合成方式分为两种：一种是信息性文本中语意的简单相加组合，信息性文本多为组合式文意文本；另一种是文学性文本语意和语意之间发生化学合成作用，令文本中的语意不同于词典上所注释的既定意义，文学性文本常常表现为化合式文意文本。当然，无论是哪一种类型、哪一种体式的文本，我们都需要在文本语境中对词意作出判断，作出关联文本内容的具体化阐释。

因为语境的这一功能，对词意理解的测评，既可以是以词语的本义、引申义和比喻义为基础的语境意义判断，也可以是未知词语在语境中的意义推断。在推断时，除了文本语境意义所给予的提示，还可以根据造字和构词的规律性知识来进行。

综上，一般而言，识记和掌握五级语言单位中词的意义和用法是对文本内容进行完全解读并且获取完整文意的基础，但实际的阅读活动却显示：要获得完整的文意并不必然要以识记和掌握构成文本的每一个词的意义为前提，相反，文本整体语境会对构成它的语词发生作用，使其产出意义和用法，而阅读者可以通过对文本整体意义的把握来推测尚未识记和掌握的词语意义。这一点也提示我们：实际上，语言文字学习有自己特定的规律，因为其意义会在运用中有所变化，所以在文本这一语言运用成果的阅读中积累语言材料，在文本语境中识记和掌握字词意义，不仅可以提升阅读素养，而且还符合语言学习的规律，是语言学习的重要路径。

还需要注意的是：与词语有关的必备知识除了义项即对词语内涵的界定之外，还包括词语的外延、感情色彩等，对词意理解阶段性成果和最终结果的测评可以指向这个复杂系统中的多个方面。总体上说来，文本中的词意理解指标主要包括以下测评标准：

（一）有序进行六大进阶的内容理解阅读活动，取得准确的阶段性成果，其中准确概括和准确评价两大进阶是测评重点。

（二）在词语积累的基础上，基于文意的整体性和语意的关联性，对词语内涵作出准确的判断和推断。词语的内涵需要在文本中确定，如果一个词语的意义在文本中没有发生不同于词典注释的变化，也需要关联文本对其内涵进行具体化的阐释；如果一个词语的意义在文本中发生了不同于词典注释的变化，那么，需要先发掘和界定其内涵，然后关联文本对其内涵进行具体化的阐释。

（三）基于文意的整体性和语意的关联性，对文本中词语的外延作出准确的判断。

（四）基于文意的整体性和语意的关联性，对文本中词语的感情色彩作出准确的判断。

下面的文本题为《鸟儿中的理想主义》，这是一个由“鸟儿”和“理想主义”两个名词、方位名词“中”、结构助词“的”构成的具有偏正关系的词组（短语）。其中“鸟儿”的词意很明确，而“理想主义”的词意与“鸟儿”的特征发生了冲突。“理想主义”在词典上有其特定的内涵，一般是指对理想信念的追求，这是属于人这种高等动物的活动；鸟儿是一种低等动物，怎么会有高等动物人所特有的理想信念呢？——这种认知的冲突暗含在文本的标题中，基于对词意的基本理解，我们可以推断出：作者要么改变了“理想主义”的既定阐释；要么把属于人的特性赋予鸟，通过拟人的手法来写鸟；要么以鸟喻人，把鸟儿作为象征物来赞美人的理想主义追求。显然，这种认知的冲突是基于我们的语言积累和认知基础而产生的，它会带来一系列的思维活动，正是在这样的思维活动中，作为读者的人们强化了对于语言文字的敏感，也提升了思维品质。

那么，文本中的“理想主义”一词究竟是何含义呢？要想作出判断，我们需要读完整个文本，在对“理想主义”一词及其前后紧密相关的内容进行梳理和解析的过程中把握该词的整体语意，并且关联整体文意作出判断和阐释。

鸟儿中的理想主义

筱敏

我对笼中继续扑翼的鸟一直怀有敬意。

几乎每一只不幸被捕获的鸟，刚囚入笼中都是拼命扑翼的，它们不能接受突然转换了的现实场景，它们对天空的记忆太深，它们的扑翼是惊恐的，焦灼不安的，企图逃离厄运的，拒绝承认现实的。然而一些时日以后，它们大都安静下来，对伸进笼里来的小碗小碟中的水米，渐渐能取一种怡然的姿态享用。它们接受了残酷的现实，并学会把这看成生存的常态。它们的适应能力是强的。适应能力强，这对人，对鸟，对任何生物，都是一个褒奖的词组。它们无师自通，就懂得了站在主人为它们架在笼中的假树杈上，站在笼子的中心位置，而不是在笼壁上徒劳地乱撞。就像主人所期待的那样，优雅地偏头梳理它们的羽毛，如果有同伴，就优雅地交颈而眠。更重要的是，当太阳升起的时候，或者主人逗弄的时候，就适时适度地婉转歌唱，让人感觉到生活是如此的自由、祥和、闲适。而天空和扑翼这种与生俱来的事情，也就是多余的了。

但有一些鸟的适应能力是坏的，这大抵是鸟类中的古典主义者或理想主义者。它们对生命的看法很狭隘，根本不会随现实场景的转换而改变。在最初的惊恐和狂躁之后，它们明白了厄运，它们用最荏弱的姿态抗拒厄运。它们是安静的，眼睛里是极度的冷漠，对小碗小碟里伸过来的水米漠然置之，那种神态，甚至让恩赐者感到尴尬，感到有失自尊。鸟儿的眼睛里一旦现出这样的冷漠，就不可能再期待它们的态度出现转机，无论从小笼子换到大笼子，还是把粗瓷碗换成金边瓷碗，甚至再赏给它们一个快乐的伙伴，都没有用了。这一切与它们对生命的认定全不沾边儿。事实上，这时候它们连有关天空的梦也不做了，古典主义者总是悲观的、绝望的，它们只求速死。命运很快就遂了它们的心愿。

而我一直怀有敬意的，是鸟儿中的另一种理想主义，这种鸟儿太少，但我侥幸见过一只，因为总是无端记起，次数多了，竟觉得这鸟儿的数目似乎在我感觉中也多了。

我见到这只鸟儿的时候，它在笼中已关了很久了，我无从得见它当初的惊恐和焦灼，不知它是不是现出过极度的冷漠，或者徒劳地撞击笼壁，日夜不停地用喙啄笼壁的铁枝。我见到它的时候，它正在笼子里练飞。它站在笼子底部，扑翼，以几乎垂直的路线，升到笼子顶部，撞到那里，跌下来，然后仰首，再扑翼……这样的飞，我从来没见过。它在笼中划满风暴的线条，虽然这些线条太短，不能延伸，但的确饱涨着风暴的激情。它还绕着笼壁飞，姿态笨拙的，屈曲着，很不洒脱，很不悦目，但毕竟它是在飞。它知道怎样利用笼内有限的气流，怎样训练自己的翅子，让它们尽可能地张开，尽可能地保持飞翔的能力。

在这样一只鸟的面前，我感觉惭愧。

一般我们很难看见鸟是怎样学飞的，那些幼鸟，那些被风暴击伤了的鸟，那些在岩隙里熬过隆冬的鸟，还有那些被囚的鸟。这是一件隐秘的事。我们只看见它们在天空中划过，自由地扑翼，桀骜地滑翔，我们只羡慕上帝为它们造就了辽阔的天空。

但在看到那只囚笼中以残酷的方式练飞的鸟之后，我明白，天空的辽阔与否，是由你自己造就的，这种事情上帝根本无能为力。上帝只是说，天空和飞翔是鸟类的生命形式，而灾难和厄运也是世界存在的另一种形式。至于在灾难和厄运中你是否放弃，那完全是你自己的事情。

我们先来看文本语境中“理想主义”一词的含义。本文中“理想主义”一词出现了两次：“但有一些鸟的适应能力是坏的，这大抵是鸟类中的古典主义者或理想主义者”，“而我一直怀有敬意的，是鸟儿中的另一种理想主义”。由此可以得知，在文中，“理想主义”有两种含义，一种和“古典主义”相当，其特点在文本中表现为“适应能力是坏的”，与文本前文中的另一种“适应能力是强的”的鸟儿相对；另一种是作者“一直怀有敬意”，浓墨重彩书写的。这两种“理想主义”的不同是什么？我们需要看相关鸟儿的表现：前一种“对生命的看法很狭隘，根本不会随现实场景的转换而改变”，“用最荏弱的姿态抗拒厄运”，“冷漠”，“漠然”，“总是悲观的、绝望的，它们只求速死”；后一种是“正在笼子里练飞”，“天空的辽阔与否，是由你自己造就的”，“在灾难和厄运中你是否放弃，那完全是你自己的事情”——也就是说自主决定自己的天空，在灾难和厄运中绝不放弃。

两种“理想主义”的相同点是都坚持对“生命的认定”，所不同的是对待灾难和厄运的态度：第一种“用最荏弱的姿态抗拒厄运”，第二种“在灾难和厄运中”绝不放弃。

由此可见，本文中的理想主义内涵是坚持对自己生命形式的认定，表现形式有两种。其中最令作者敬佩的是第二种，本文意在歌颂这一种。

我们再来看与文本中“理想主义”一词含义相关的词意理解考查。本文写了三种鸟儿，或者说被囚入笼中后鸟儿的三种表现。如果说第二种鸟儿是古典主义，第三种是理想主义，那么，第一种是否可以用一个字数相同、结构相同的词语来概括呢？如果在文中相应部分找一个词语和“主义”二字组合成一个用以概括第一种鸟儿的词语，你会找哪一个呢？

要回应这个问题，我们既可以通过反义词，“理想”的反义词是“现实”，“理想主义”的反义词应该就是“现实主义”；也可以在文中寻找，文中相应部分三次出现“现实”一词：“它们不能接受突然转换了的现实场景”“拒绝承认现实的”“它们接受了残酷的现实”，显然“现实主义”是适宜的。

现实主义者有什么特征呢？文中用“取一种怡然的姿态”“像主人所期待的那样”等语句做了表达，如果要找一个词语来形容呢？显然，是前后多次出现的“适应”一词比较适宜：“它们的适应能力是强的”“适应能力强，这对人，对鸟，对任何生物，都是一个褒奖的词组”。

本文中有一个生僻的词语：“荏弱”。“荏弱”一词是何含义？一方面，我们可以通过汉语的构词规律，以“荏”为“弱”意，两字同义互文，构成一个双音节词；另一方面，也可以根据文中相关句子“它们用最荏弱的姿态抗拒厄运”以及上下文推断其语意；另外，我们还可以凭借语词积累来推断，“色厉内荏”是个相对常用的成语，根据构词规律，“色厉内荏”中“色”和“内”是一组反义词，“厉”和“荏”也应该具有意义反向相关的关系。

此外，我们会发现，本文的词语运用有一种特殊的现象，那就是感情色彩的个性化处理。针对第一种鸟儿，作者在情感态度和思想认知上是否定的，但文中却使用了不少褒义词，如“优雅”“婉转”“自由、祥和、闲适”等；针对第二种鸟儿，作者则使用了类似“狭隘”“荏弱”“冷漠”“漠然”这样的贬义词；针对第三种鸟儿，作者同样用“笨拙”“屈曲”“很不洒脱”“很不悦目”这样负面的词语。总体上说来，这些词语在文中的感情色彩并不符合其既定用法。这种特殊用法是该文在语言运用上的一大特征，可以作为测评的考点。

根据本文在语词运用上的特点，可以针对以上内容进行词意理解阶段性成果和最终成果的测评，当我们判断和概括出“理想主义”“荏弱”的词意、梳理和判断出感情色彩上用法特殊的词语之后，我们还可以对本文的词语运用进行评价、推断和运用。

以评价为例，因为方位名词“中”的指示作用，本文标题“鸟儿中的理想主义”中的“鸟儿”和“理想主义”两词在语意上存在外延不对等的情况，“鸟儿”是一种动物，“理想主义”是一种态度，这造成语意表达上的含混。更加准确而又清晰的表达应该是“鸟儿的理想主义”或者“鸟儿中的理想主义者”。

词意理解是文意理解的基础。高考语文古代诗词阅读的客观题，就常常针对词意理解而设置，如李贺《野歌》“男儿屈穷心不穷”中的“穷”的词意；魏了翁《醉落魄·人日南山约应提刑懋之》“人情苦向南山觅”中“苦”的词意，等等。

一般情况下，当现代文文本中没有出现词意处理上用法特殊的现象时，不会专门对此进行测评，但这并不意味着相关文本中的词意理解不重要。实际上，所有文意理解的实现都必须以词意理解为前提，也就是说，不管有没有专门针对词意理解设题，词意理解都是文意理解的重点。各级各类阅读能力和阅读素养测评的第一步都指向语意理解和文意理解，考查的形式可能有多种，但其要点和内核是不变的，解题的路径和步骤也是相同的。

而一旦文本中出现词意处理上用法特殊的现象，命题者往往就可以针对相关词意理解设置考题。高考中就有过多次相关考查。如2017年新课标Ⅱ卷现代文阅读文学性文本选用了林徽因的《窗子以外》作为考试文本，文后有一道6分的大题考查“窗子”一词的含意。

窗子以外

林徽因

话从哪里说起？等到你要说话，什么话都是那样渺茫地找不到个源头。

此刻，就在我眼帘底下坐着，是四个乡下人的背影：一个头上包着黯黑的白布，两个褪色的蓝布，又一个光头。他们支起膝盖，半蹲半坐的，在溪沿的短墙上休息。每人手里一件简单的东西：一个是白木棒，一个篮子，那两个在树荫底下我看不清楚。无疑地他们已经走了许多路，再过一刻，抽完一筒旱烟以后，是还要走许多路的。兰花烟的香味频频随着微风，袭到我官觉上来，模糊中还有几段山西梆子的声调，虽然他们坐的地方是在我廊子的铁纱窗以外。

永远是窗子以外，不是铁纱窗就是玻璃窗，总而言之，窗子以外！

所有的活动的颜色、声音、生的滋味，全在那里的，你并不是不能看到，只不过是永远地在你窗子以外罢了。多少百里的平原土地，多少区域的起伏的山峦，昨天由窗子外映进你的眼帘，那是多少生命日夜在活动着的所在；每一根青的什么麦黍，都有人流过汗；每一粒黄的什么米粟，都有人吃去；其间还有的是周折，是热闹，是紧张！可是你则并不一定能看见，因为那所有的周折，热闹，紧张，全都在你窗子以外展演着。

在家里罢，你坐在书房里，窗子以外的景物本就有限。那里两树马缨，几棵丁香；榆叶梅横出疯杈的一大枝；海棠因为缺乏阳光，每年只开个两三朵——叶子上满是虫蚁吃的创痕，还卷着一点焦黄的边；廊子幽秀地开着扇子式，六边形的格子窗，透过外院的日光，外院的杂音。什么送煤的来了，偶然你看到一个两个被煤炭染成黔黑的脸；什么米送到了，一个人掮着一大口袋在背上，慢慢踱过屏门；还有自来水、电灯、电话公司来收账的，胸口斜挂着皮口袋，手里推着一辆自行车；更有时厨子来个朋友了，满脸的笑容，“好呀，好呀”地走进门房；什么赵妈的丈夫来拿钱了，那是每月一号一点都不差的，早来了你就听到两个人唧唧哝哝争吵的声浪。那里不是没有颜色、声音、生的一切活动，只是他们和你总隔个窗子，——扇子式的，六边形的，纱的，玻璃的！

你气闷了，把笔一搁说，这叫做什么生活！检点行装说，走了，走了，这沉闷没有生气的生活，实在受不了，我要换个样子过活去。健康的旅行既可以看看山水古刹的名胜，又可以知道点内地纯朴的人情风俗。走了，走了，天气还不算太坏，就是走他一个月六礼拜也是值得的。

没想到不管你走到那里，你永远免不了坐在窗子以内的。不错，许多时髦的学者常常骄傲地带上“考察”的神气，架上科学的眼镜，偶然走到哪里一个陌生的地方瞭望，但那无形中的窗子是仍然存在的。不信，你检查他们的行李，有谁不带着罐头食品，帆布床，以及别的证明你还在你窗子以内的种种零星用品，你再摸一摸他们的皮包，那里短不了有些钞票；一到一个地方，你有的是一个提梁的小小世界。不管你的窗子朝向哪里望，所看到的多半则仍是在你窗子以外，隔层玻璃，或是铁纱！隐隐约约你看到一些颜色，听到一些声音，如果你私下满足了，那也没有什么，只是千万别高兴起说什么接触了，认识了若干事物人情，天知道那是罪过！

（有删改）

考题：结合全文，说明文中“窗子”的含意。

显然，如果文中“窗子”的含意跟词典上注释的既定语意一样，命题者是不会用来设题考查的，即使要考查考生的机械记忆，相关考题也不会出现在阅读版块。文本中“窗子”一词的性质和功能都发生了不同于词典注释的变化。就其性质来说，文中的“窗子”有实有虚，实体的窗子也就是物理意义上的窗子，有不同材质：玻璃窗或者铁纱窗，有不同样式：扇子式，六边形的格子窗；虚写的窗子即文中所说“无形中的窗子”，这是一种没有实体的、存在于观念领域的窗子。就其功能而言，文本中的“窗子”则是与既定语意中的“打通”刚好相反，为“隔开”“隔膜”之意。

参考答案：

①指具体的窗子，如铁纱窗、玻璃窗，分隔了不同的生活场景；②指无形的窗子，即心态与观念的限制，造成了自我与外部世界的隔膜。

这一答案是如何得出的呢？是经过梳理和解析的过程，在阶段性成果获取的基础上，最后对“窗子”一词的语意进行综合和概括得出的。其间的阅读活动有：

（一）对文中出现的“窗子”及其相关信息（文本中的画线部分）进行提取。

（二）对文中出现的“窗子”及其相关信息进行分类和整合。

不同材质：铁纱窗、玻璃窗；

不同形状：扇子式，六边形的格子窗；

不同位置：“窗子以外”和“窗子以内”；

其他：“无形的窗子”。

不同材质和不同形状的窗子都是有形的，即参考答案中“具体的”窗子。

（三）对“窗子”在本文中的特殊含义进行分析。

有形的窗子与无形的窗子相对，这两种不同性质的窗子，是文本中

“窗子”的具体内涵。

“窗子以外”和“窗子以内”的关系是“隔个窗子”，“窗子”内涵中的功能不同于该词既定语意的打通，是文本中“窗子”的特殊内涵，是作者对语言个性化处理的呈现。

（四）分点作答。

按照两种性质的窗子分点，分述两种性质的窗子“隔”的相同功能和“隔”的不同表现。当然，本题答案可以优化为3点，第1点阐释文中窗子“隔”的作用，再分2点分述。

以上是针对词语内涵的考查，我们需要在词语既定意义积累的基础上，基于文本整体性，作出文本语境中的语意判断，然后给出关联文本相关内容的具体化的阐释。

关于词意的考查，不但可以针对其内涵，还可以涉及其外延。2021年新高考Ⅰ卷现代文阅读文学性文本就进行了相关考查。

石门阵

卞之琳

“诸葛孔明摆下了八阵图，叫陆逊那小子，得意洋洋，跨马而来的，只见左一块石头，右一块石头，石头，石头，石头，直弄得头都昏了。他一看来势不妙，就勒转了马头，横冲直撞，焦头烂额，逃回了原路。——这《三国》里的故事，你们还记得吗？”

说到了这里，干咳了一声，木匠王生枝抬起了眼睛，打量了一番列在他面前的许多面孔。

男人的面孔，女人的面孔，小孩子的面孔。带胡子的有，麻的有，长雀斑的有，带酒窝的有，一共十来张，在中秋前两天的月光里，有明有暗，可是全一眼不眨，只是点点头，意思要王木匠尽管讲下去得了。

王木匠手巧。譬如，现在邻近各村常用的由煤油箱改造的水桶子，确是王木匠的发明。他的手艺不止见长于他的本行。

“对，我正要给你们摆一个和八阵图差不多的石门阵。不过几句话，一点新闻，石门阵摆退鬼子兵。”

老王捡去才落到颈脖子上的一片枯枣树叶子，随即干咳了一声。

“来了。”大家一起想。

果然——

“来了！来了，一群鬼子兵！”

王木匠转过头来望望山坡下转进村子里来的白路，仿佛日本兵当真从那边来了，把听众给吓了一跳。

“他们先在远处山头上向镇上望，用望远镜，看得清清楚楚的。

“那条小街上有人吗？没有。

“那个院子里有人吗？没有。

“那堆小树丛背后有人吗？没有。

“八路军走光了。好，那个头儿，吩咐先下去五十个胆子最大的‘皇军’。

“‘开步走！’他们下来了，那五十个鬼子，骑了马。”

“这条镇不是就完了吗？”宋长发很担心地插上了一句。

王木匠没有理他，干咳了一声，接下去：

“骑了马，得意洋洋！瞧，第一个麻子，腰板挺得多直啊。瞧，第二个是八字胡子，第三个是小耳朵。小耳朵回过头来，看后面跟来的都很威风，就把头昂得高些。

“小耳朵的心是在一家老百姓的闺阁房里。

“八字胡子的心是在一家老百姓的铁柜里。

“麻子的心是在一家老百姓的猪圈里。”

“真不是好东西！”谁的声音？李矮子？因为隔壁李矮子院里的驴忽然叫起来了，仿佛怕给日本兵抓去呢。

“说话间，不知不觉，已经走进了村子。

“麻子忽然在一家门口勒住了马。八字胡子、小耳朵和后边四十七个人都勒住了马。满街上鸦雀无声。

“麻子盯住了一家的屋门，不作声。

“小耳朵也盯住了那家的门，不作声。”

“他们看见了什么呀？奇怪。”小梅子插上来一句，仿佛代表了全场听众。“他们看见了什么呀？奇怪——后边那四十七个‘皇军’也这样问哪，可是没有出声。他们不作一声在那边发愣，那五十个‘皇军’。

“他们看见了什么呢？奇怪。

“他们什么也没有看见，只看见门里堵满了石头——石头门。

“他们索性向前跑，沿街向左向右转了两个弯。

“一路上——

“向左看：石头门。

“向右看：石头门。

“石头门。石头门。石头门。”

“干脆说吧，别那么别扭的！”宋长发老婆着急了，也仿佛代表了全场听众。“他们的脸都白了。听，四面山头上一片喊杀的声音！打枪的声音！八路吧？看，山头上那么多人呢，糟了！糟了！”

“好了！好了！”谁的声音？仿佛大家的声音。

“他们勒转了马头，死命踢着马肚皮，向左，向右，转了两个弯。他们就横冲直撞，连奔带蹿地逃命了。

“逃出了镇口，心里跳得像马蹄一样急呢。

“麻子还在想：我这一身肥肉不至于喂他们的麦田吧。

“八字胡子还在想：我抢来的钞票不至于被他们捡回去吧。

“小耳朵还在想：我怀里的相片不至于被他们拿去上报吧。”

“老王，你活像钻进了他们的心里了。”李矮子说，意思是两重的，表示不相信，也表示惊叹他叫人不能不相信。

“胡老三，”王生枝说，把眼睛对准了一个衔着旱烟管的男子，“昨天你也在南教场听过政治指导员的报告的，你说我可曾说谎。那条镇叫洪子店，在太行山那边。”

“大致还不错，”胡老三说了，“部队在镇东十五里地方，和敌人打了一昼夜。农民救国会集了五百会员，三个钟头内把全镇上能搬的都搬走了，五百会员就拿起了枪，躲在围山上等了。不过，老王，门是用砖头堵的。”

“那有什么关系，石头门说起来好听一点。只要不是木头门就行了。木头门烧得开。上次苏家峪不是给门板都烧光了。洪子店也烧去了许多。可是我老王一年来明白了一个道理：守住了大门，不用关二门。对，把我们的门板烧掉呢，我们就夜不闭户。”

“那你就少了生意了，人家以后还要你做门板吗？”

大家笑了，同情王生枝。

王生枝在月光里走回家去的时候，倒认真地想起当真到了处处夜不闭户的时代。他常常想做一张极精致的衣橱，已经设计了多年，总可以有做成的一天了。不过他知道大家还得先摆多少次真正的石门阵，不是用口。“也得用手。”王木匠看看自己结实的突起了老茧的掌心，说不出由于哪一种情感，不由得感叹了一下，“我这双手呵！”

延安，1938年秋

（有删改）

考题：小说中多次出现的“门”，在不同层面有不同含义，请结合文本加以分析。

参考答案：

①现实生活中的门是木头门，洪子店村民以砖头堵门；②在王木匠的故事加工中，砖头门变成了“石头门”，战斗故事随之变成了传奇的“石门阵”；③王木匠从现实中明白了“守住了大门，不用关二门”的道理，即只有保卫国门，才能守护家门，才有实现“夜不闭户”的希望。

小说中多次出现的“门”在本义层面上因为材质和功能的不同有了不同的外延：木头门、砖头门和石头门，其中木头门是一般情况下的家门，与本文主人公木匠的身份相关；砖头门是抵御敌人时的家门，增强了战斗力；石头门是讲故事时的家门，强化了传奇性。

另外，小说中出现的“大门”和“二门”在文本语境中、在语意的相互关联和比较中获得其引申义和比喻义。这一层面上的“门”分别指“国门”和“家门”。

参考答案中的第一点把本义层面上两种材质和两种功能的门做了整合，合并为一点作答，若能在“洪子店村民以砖头堵门”后加“御敌”二字，则表意更为充实。

二、句意理解

句子是由词和词组（短语）构成、能够独立表达一个完整意思、有特定的语调的语言单位。句子的意思是由构成它的词和词组（短语）的意思组合或化合而成的，句意理解的基础是词意的积累和辨识。当然有些时候，在特定的语境中，一个词或者词组也可以构成句子。需要注意的是，在一个文本中，各个句子在表意上会互相照应、彼此勾连，对于某一个句子意思的理解，需要在上下文甚至全文语义场整体中进行判断和确定。比如前文《鸟儿中的理想主义》中有一句话间接说出了第二种鸟儿的结局："命运很快就遂了它们的心愿。"如果要问这句话是什么意思或者说第二种鸟儿的结局是什么？就需要关联前文中的"它们只求速死"一句来理解。再比如文中还有一句话："让人感觉到生活是如此的自由、祥和、闲适。"作者是在赞美这样的生活、赞美给人带来这种美好感觉的鸟儿吗？显然，要关联全文才能准确回答这一问题，才能明白并非如此。

句意理解是阅读活动之内容理解的关键层级，而文中语意特殊的句子常常也是测评关注的对象。比如高考真题2017年新课标Ⅱ卷的文学类文本《我们的裁缝店》就考了"结合上下文，分析文中画横线的句子的含义"。2018届广州市高考模拟卷文学类文本《水在滴》考查的是标题句："本文标题'水在滴'寓意丰富，请结合全文简要分析。"

我们的裁缝店

李娟

在城市里，裁缝和裁缝店越来越少了。但在喀吾图，生活迥然不同。这是游牧地区，人们体格普遍高大宽厚，再加上常年的繁重劳动，很多人身体都有着不同程度的变形，只有量身定做的衣服才能穿得平展。

我们租的店面实在太小了，十来个平方，中间拉块布帘子，前半截做生意，后半截睡觉、做饭。但这样的房间一烧起炉子来便会特别温暖。很多个那样的日子，狂风呼啸，昏天昏地，小碎石和冰雹砸在玻璃窗上，“啪啪啪啪”响个没完没了……但我们的房子里却温暖和平，锅里炖的风干羊肉溢出的香气一波一波地滚动，墙皮似乎都给香得酥掉了。

我们还养了金鱼，每当和顾客讨价还价相持不下时，我们就请他们看金鱼。这样的精灵实在是这偏远荒寒地带最不可思议的尤物——清洁的水和清洁的美艳在清洁的玻璃缸里曼妙地闪动，透明的尾翼和双鳍缓缓在水中张开、收拢，携着音乐一般……

这样，等他们回过神来，再谈价钱，口气往往会软下去许多。

当地男人们很少进店。最固执的是一些老头儿，偶尔来一次，取了衣服却死活不愿试穿，即使试了也死活不肯照镜子，你开玩笑地拽着他往镜子跟前拖，让他亲眼看一看这身衣服多“拍兹”（漂亮），可越这样他越害羞，双手死死捂着脸，快要哭出来似的。

女人们就热闹多了，三三两两，不做衣服也时常过来瞅一瞅，看我们有没有进新的布料。如果有了中意的一块布，未来三个月就一边努力攒钱，一边再三提醒我们，一定要给她留一块够做一条裙子的。

库尔马罕的儿媳妇也来做裙子了，她的婆婆拎只编织袋跟在后面。量完尺寸我们让她先付订金，这个漂亮女人二话不说，从婆婆拎着的袋子里抓出三只鸡来——“三只鸡嘛，换条裙子，够不够？”

她订的是我们最新进的晃着金色碎点的布料，这块布料一挂出来，村子里几乎所有的年轻媳妇都跑来做了一条裙子。

她说："不要让公公知道啊！公公嘛，小气嘛，给他知道了嘛，要当当（唠叨、责怪）嘛！"

"婆婆知道就没事了？"

"婆婆嘛，好得很嘛！"她说着揽过旁边那矮小的老妇人，"叭"地亲一口，"裙子做好了嘛，我们两个嘛，你一天我一天，轮流换着穿嘛！"

她的婆婆轻轻嘟囔一句什么，露出长辈才有的笑容。

但是我们要鸡干什么？但是我们还是要了。

还有的人自己送布来做，衣服做好后却凑不够现钱来取，只好挂在我家店里，一有空就来看一看，试穿一下，再叹着气脱下来挂回原处。

有个小姑娘的一件小花衬衣也在我们这儿挂着，加工费也就八元钱，可她妈妈始终凑不出来。小姑娘每天放学路过我家店，都会进来捏着新衣服摸了又摸，不厌其烦地给同伴介绍："这就是我的！"穿衬衣的季节都快过去了，可它还在我们店里挂着！最后，我们先受不了了。有一天，这孩子再来看望她的衣服时，我们就取下来让她拿走。小姑娘惊喜得不敢相信，在那儿不知所措地站了好一会儿，才慢吞吞挪出房子，然后转身飞快跑掉。

裁缝的活不算劳累，就是太麻烦。量体、排料、剪裁、锁边、配零料、烫粘合衬、合缝……做成后，还得开扣眼、钉扣子、缝垫肩、缲裤边。浅色衣服还得洗一洗，缝纫机经常加油，难免会染脏一点。而且烙铁也没有电熨斗那么干净，一不小心，黑黑的煤灰就从气孔漾出来，沾得到处都是。

是呀，从我们当裁缝的第一天起，就发誓一旦有别的出路，死也不会再干这个了。但假如有一天不做裁缝，我们还是得想办法赚钱过日子，过同样辛苦的生活。——可能干什么都一样的吧?

是这样的，帕孜依拉来做衬衣，我们给她弄得漂漂亮亮的，她穿上以后高兴得在镜子面前转来转去地看。但是我立刻发现袖子里有一点不平，就殷勤地劝她脱下来，烧好烙铁，“滋——”地一家伙下去……烫煳一大片……

怎么办呢?我们商量了半天，把煳的地方裁掉，用同样的布接了一截子，将袖口做大，呈小喇叭的样式敞开，还钉上了漂亮的扣子。最后又给它取了个名字：“马蹄袖”。

但是后来……几乎全村的年轻女人都把衬衣袖子裁掉一截，跑来要求我们给她们加工“马蹄袖”。

干裁缝真的很辛苦，但那么多事情，一针一线的，不是说拆就能拆得掉。当我再一次把一股线平稳准确地穿进一个针孔，总会在一刹那想通很多事情。

（有删改）

必须明确的是，与信息性文本相比，文学类文本中的语言知识运用往往更为综合和灵活，表现在词语上，是对词意内涵、外延或感情色彩等多个层面的个性化处理；表现在句子上，其句式的多样性也就表现得更加充分。与之相应，文学类文本的词意、句意、段意、层意、类意和文意都更加复杂和灵活，因为它会通过语境的化合作用为语言增加新的意义，而一旦文学类文本中出现这样的现象，就很有可能成为考点。

本文的第一个大题针对文中“可能干什么都一样的吧？”这一个句子进行了语意的考查，该题的参考答案是：①裁缝作为辛苦的谋生行当，看起来与其他行当一样；②但在做裁缝的过程中，对生活有了难忘的经验和体会，不由得对这一行当产生了特殊感情，感到它有独特意义。

这个答案不是特别令人满意，原因在于与句子本身的语意层次扣得不紧，与文本上下文语意和整体文意也扣得不紧。

句意理解的结果，同样要在梳理和解析的阅读活动过程中获得。首先，对该句基于词和词组既定意义的语意作判断，该句句意有两层：第一层是“干什么都一样”，是在比较中得出相同的结果；第二层是“可能……的吧？”，是在疑问的语意和语气语调中否定第一层语意中的结果。关联文本，第一层是把做裁缝与做其他行当进行比较，指向的是肯定的结论，具体内容是“辛苦”；第二层和后面的问号共同表达了犹疑的语气，指向的是否定的结论。由此，关联上文，我们会发现该句的语意指向是做裁缝可能比做其他行当更辛苦，这是一种艰辛中的犹疑，是一种对做裁缝的否定——做裁缝不如做其他行当；关联下文，会发现该句的语意指向是做裁缝比做其他行当有意思，这是一种创造中的认同，对于作者来说，做裁缝已经成为一种不能轻易拆解的谋生方式。

以此评价参考答案，会发现第①点的表述不符合文意，第②点则缺少了与下文的关联和与其他行当的比较。更加准确的答案可以这样表述：①虽然所有的行当都一样辛苦，但做裁缝似乎尤为辛苦，这是一种艰辛中的犹疑；②和其他行当相比，做裁缝能够有所创造，这是一种创造中的认同。

水在滴

苏沧桑

①中午十一点半，**徐师傅**等人都吃饭去了。**捞纸房**像被突然摁进了寂静的井底。

②有**两种水声**，在空旷的寂静里，缠绕回响。

③第一种，滴答，滴答，滴答……不急不慢，不变的节奏和密度，这是榨纸声——徐师傅上午做的几百张湿纸抄在杉木仝板上，摞成一尺多高的湿纸垛，用千斤顶压上去，把水榨出来，在晒纸房里经过晒纸的工序，就成为一张真正的元书纸。

④水顺着纸垛边缘滴下来，滴在铺在底下的竹帘上，迅速汇集在竹帘的四角，滴落在青石板上，滴答，滴答，滴答……让人想起赤脚踏在青石板上的脚步，想起南方屋檐下慵懒的雨滴，想起小满时节前三天的山林，嫩竹拔节，万物萌动。雨滴在每一棵竹子的头上，被它们吮吸进身体，满山的嫩竹——元书纸的前世——的身体里，便流动着雾岚的气息、草木的幽香、覆盆子的酸甜、笋的青涩，流动着砍竹的当当声、竹子顺着坡道滑到山脚的哗哗声、杀青的唰唰声、砍竹人的咳嗽声，以及路过的山民呼出的烟草味、他或她的汗味、饭菜的味道、家的味道、年的味道……一棵竹，裹着整个山林的日月精气，一张元书纸的胚胎，在滴答声中渐渐成形。

⑤另一种水声，是流水声，细弱又清亮。它来自幽暗的捞纸房某个角落，水从一只装满纸浆的槽缸里溢出来，匍匐进地面。几近难以察觉的流水声，被无边的寂静扩大了。水声泠泠，像由远及近的银铃声从云霄洒落大地。

⑥这两种水声，在此地，已经回响了一千多年，也许更久远。冬去春来，世事更替，水声从未停息，改变的，是水声渐渐从繁密到稀疏。

⑦此时，在村的另一头，作坊里年纪最大的捞纸师傅徐师傅，用手端起了饭碗。那双手已经在纸浆水里浸泡了四十五年，比白纸更白的手掌，已看不出掌纹和指纹，老茧连着老茧，有些地方已经开裂，又被纸浆水浸泡得更白。这双手，放进发酵捣烂的竹纸浆里，不细看根本分辨不出来。

⑧这双手已经不痛了，但很怕冷。数九寒天时，一天十几个小时，在结冰的纸浆水里进进出出，冷到骨头里的冷。冷了，就往电饭煲热水里蘸一下，暖和一下再做。

⑨痛的是肩膀、腰。一站十多个小时，一抬臂二十公斤，一天几百上千次。捞纸得用巧劲，抄得轻，纸太薄，抄得太重，纸又会嫌厚。每一张纸，重量误差不超过几克，要有手法、经验和耐心、细心。

⑩一缕阳光在吱呀一声里改变了形状，捞纸房的门被推开了，徐师傅回来了。刚才缠绕回响着的两种水声迅速遁迹，代之以一些更清晰明亮的声音——淅淅沥沥叮叮咚咚的滤水声、竹架子的咿呀声、一个老男人偶尔的咳嗽声。“摇头晃脑”的下午开始了。

⑪“摇头晃脑”是每个上年纪的捞纸师傅的习惯。捞纸就是《天工开物》记载的“荡料入帘”。徐师傅手持纸帘浸入水浆，纸帘随手腕晃动，使浆液匀开，慢慢向前倾斜，晃出多余的水浆，那层浆膜就是一张纸。随着倾斜、上提、放纸、揭帘这些动作的起承转合，他低头、转头至右边又转到左边，然后点头、抬头，一气呵成。纸帘

提拉出水的最后一下，他的头点得很快，像在用劲，又像在对自己说“对，对，对”。

⑫午后的捞纸房，淅淅沥沥叮叮咚咚的水声是唯一的声音。他喜欢安静，连收音机都不愿意听。

⑬他并不关心纸是不是有生命，是不是有灵魂，他听不懂回归、传承、情怀这些字眼。他不知道那些纸去往何处，纸上会被写下或画下什么，哪怕是一个沉重的嘱托、一张生死状、一个孩子的梦想，或是一个罪人的忏悔……

⑭“做生活，不管喜欢不喜欢做，总归要好好做。”这“生活”关系到他一天有多少收入，关系到他们平淡无奇却无比重要的日常，更关系到心里安与不安。

⑮偶尔，他也会想，接替他操起这张竹帘的会是谁。他没有徒弟，年轻人都不学这个了。刚才，穿过村庄回捞纸房时，他碰到了一群人，一个在外地做生意回家过节的邻居，叼着烟，眉飞色舞地说着在新马泰旅游的事。邻居以前也做纸，后来和村里大多数人一样，出去挣钱了，再也不碰纸了。

⑯徐师傅与他们擦身而过时，听到了一阵哄笑。他呵呵笑了几声，头也不回走上了通往捞纸房的田埂，重新将自己安放进淅淅沥沥叮叮咚咚的水声里，感觉世界又回到了他喜欢的样子。

（节选自《纸上》，原载《人民文学》2017年第5期）

考题：本文标题“水在滴”寓意丰富，请结合全文简要分析。

“水在滴”在文中多次出现，要想答好这一考题，更需要依序完成梳理和解析活动。

首先，对文中出现的“水声”及其相关信息进行提取（文中画线部分）。

其次对文中出现的“水声”及其相关信息进行分类：“滴答”的水声，这是榨纸声；“泠泠”的水声，这是流水声；“淅淅沥沥叮叮咚咚”的水声，这是滤水声。

继而对“水声”在本文中不同层面的含义进行分析，然后分点作答。虽然文本中也出现自然界的“雨滴”声，但它不是理解文本中“水声”的关键，文本中多次出现、形成呼应的“水声”并非自然界的水声，而是与捞纸工艺相关、代表捞纸工艺的声音；“水声”有三种，分别指向捞纸工艺的不同部分；“水声”的状态在不变中有所变化。

参考答案：

①“水在滴”是指捞纸房的水声从未停息，象征元书纸制作工艺的延续；②水声渐渐从繁密到稀疏，暗示元书纸制作工艺的日渐式微；③“水在滴”反映了徐师傅单调重复的生活状态，表现了匠人们对传统手艺的坚守；④水滴声的变化，体现了徐师傅享受工作和全情投入的状态。

更符合思维过程的分点答题思路应该是：先阐明水声代表什么，再分析水声的不同状态分别代表什么。由此，我们可以对答案进行优化：①水声象征元书纸制作工艺；②“水在滴”表明元书纸制作工艺的延续和传统匠人的坚守；③水声从繁密到稀疏，象征着元书纸制作工艺的式微，写出了传统匠人的忧思。

完成了这一梳理和解析的过程，对“水在滴”句意进行了概括和阐释之后，我们也可以对这一句子的运用作出评价：很显然，水滴声只是水声的一种，此外还有“泠泠”的水流声和“淅淅沥沥叮叮咚咚”的水声，因此，本文标题不具有指向和统摄全部语意的概括性。

总体上说来，文本中的句意理解指标主要包括以下测评标准：

（一）有序进行六大进阶的内容理解阅读活动，取得准确的阶段性成果，其中准确概括和准确评价两大进阶是测评重点。

（二）基于词意理解和句子的语法构成对句意作出准确的层次切分和语意关联。

（三）基于文意的整体性和语意的关联性，关联上下文对句意作出具体阐释。

三、段意理解

段即文本中的自然段落，是文本的基本结构形式和最小结构单位。如前，从理论上来说，自然段落应该大于语言五级单位中的最大单位——句群，至少应该由2个或以上句群构成。但实际上，文本中的自然段落有多种表现形式和多种语意层级，最小的层级是词语，比如《石门阵》中的“果然——”；其次是词组，比如《石门阵》中的“一路上——”；再次是句子，《石门阵》中的很多自然段落都是短句或短句的多次反复。在自然段落由2个或以上句群构成的常态化文本中，如果出现了表现为一个词、一个短语或一个句子的自然段落，其中往往包含着作者特别的表达意图，比如《鸟儿中的理想主义》中的两个段落：“我对笼中继续扑翼的鸟一直怀有敬意。”“在这样一只鸟的面前，我感觉惭愧。”最后，文本中的自然段落也可能是一个句群（这种情况非常多见，故不作列举）。

一个句群是一个完整的语意单位。当自然段落是词、词组或者句子的时候，其语意读解的要求和规律跟前述词意理解和句意理解一样，基于词语既定语意，在文本语境中进行解读即可。以前面引用的《鸟儿中的理想主义》为例，文中第一个自然段就是独句成段：“我对笼中继续扑翼的鸟一直怀有敬意。”其语意可分为三层：第一层是“我……怀有敬意”，第二层是“对笼中继续扑翼的鸟”，第三层是“一直”。

当自然段落是一个句群的时候，我们就需要对其意义进行概括了。概括理所当然最好使用精简的语言，相对于概括对象一个句群来说，相对精简的语言单位也就是词语或者句子。

当自然段落是几个句群的时候，我们还需要对自然段落中的句群进行辨识，找出其语意层级并进行精准概括，最终整合概括为段落大意。《鸟儿中的理想主义》一文中的第二个自然段较长，由多个句群构成，我们可以作出以下层次切分：

几乎每一只不幸被捕获的鸟，刚囚入笼中都是拼命扑翼的，它们不能接受突然转换了的现实场景，它们对天空的记忆太深，它们的扑翼是惊恐的，焦灼不安的，企图逃离厄运的，拒绝承认现实的。（第一层：所有刚囚入笼中的鸟都会拼命扑翼。）然而一些时日以后，它们大都安静下来，对伸进笼里来的小碗小碟中的水米，渐渐能取一种怡然的姿态享用。它们接受了残酷的现实，并学会把这看成生存的常态。它们的适应能力是强的。（第二层：囚入笼中的鸟一些时日以后大都安静下来。）适应能力强，这对人，对鸟，对任何生物，都是一个褒奖的词组。（第三层：作者的议论与评价。）它们无师自通，就懂得了站在主人为它们架在笼中的假树杈上，站在笼子的中心位置，而不是在笼壁上徒劳地乱撞。就像主人所期待的那样，优雅地偏头梳理它们的羽毛，如果有同伴，就优雅地交颈而眠。更重要的是，当太阳升起的时候，或者主人逗弄的时候，就适时适度地婉转歌唱，让人感觉到生活是如此的自由、祥和、闲适。而天空和扑翼这种与生俱来的事情，也就是多余的了。（第四层：进一步描写和评价这些鸟的表现。）

第二个自然段的层意可以概括为：大多数鸟接受并适应现实。可以想见，接下来作者要写的是鸟儿中的理想主义者了。

在阅读活动过程中，读者需要随时对段意进行梳理和解析，随时对自然段落中的句群进行辨识和切分，并最后形成对段落大意的概括。梳理、分析和概括都必须注意文意的整体性和语意的关联性。概括时要注意前后勾连，可尽可能选用文中语句，尽可能采用相同的语言形式，务必形成基于文本整体、作为文本整体中的一部分的层意理解，从而有助于最终文意理解的实现。

下面题为《那个男孩是我》的文本共有14个自然段，我们可以尝试在阅读的过程中对每个自然段的语意层级和段意进行梳理、解析和概括。

那个男孩是我

毕飞宇

①悠扬哀怨的琴声在一片寂静里突然响起，在无聊与空洞中飘起最美丽的影子。我走出大门，循着琴声拐进那个干净的院落。隔壁的那个大院里堆放了许多彩旗和舞台用具。//我站在门口，从半开的门缝里看见了一个真正的白毛女用她的脚尖踩着琴声优美痛苦地挣扎。琴声没有了，我的眼里只剩下通体洁白的白毛女。她神奇的脚尖使身体轻盈舒展，如羽毛、如琴声一样在风中哀婉地随风飘拂。（这一段涉及两个人物："我"和"一个真正的白毛女"，两个人物分别做了一些动作，而体现二者关系的动词是"看见"，这一段的段意因此可以概括为："我"看见白毛女跳舞，也可以直接圈出"看见"一词进行概括。）（这一个段落由2个句群构成，第一个句群写"我"听见琴声，走出大门，拐进隔壁那个的"堆放了许多彩旗和舞台用具"的

院落；第二个句群写“我”看见白毛女跳舞，舞姿非常优美。）

②“停！”那个老太太高声地叫停，她走到白毛女的面前说，“把胸脯送出去，送出去。记住，它们是反抗和仇恨。记住，送出去。”//休息时，白毛女披着上衣向门口走近。她一出门槛就让我很吃了一惊。她顶多十六七岁，看上去比我表姐还要年轻。刚才的一头长白发被她拿在手上，属于她自己的是一头乌黑柔和的短发。仅有的这点变化使她顷刻间艳若仙人。我一阵心跳。//白毛女做了两次深呼吸，说，这么香，是栀子花。她没有注意我，我有种说不出的失望。（这一段除了原有两个人物之外，出现了一个新的人物“老太太”，她在指导白毛女跳舞。同样，“我”和白毛女分别做了一些动作，但体现二者关系的、与上一段呼应的动词应该是：听到。这一段的段意可以采用与前一段相同的句式，概括为：“我”听到白毛女说话，也可以写下文本中没有的“听到”一词进行概括。）（这一个段落由1个句子和2个句群构成，第一个是句子，写的是老太太指导白毛女跳舞；第二个是句群，写的是“我”近距离看见“艳若仙人”的白毛女；第三个是句群，写的是“我”听见白毛女说话，但白毛女没有注意到“我”。）

③整个上午我迷糊在这个院子里，看她舞蹈，看她眼神里的每一次苍茫，指尖上极微妙的无助与绝望。整整站了一个上午，我后腰上沉沉地有些疲惫。（这一段比较短，最能承载层意的词语应该是“迷糊”，可以此进行概括，也可以采用与前两段相同的句式组织语言进行概括，如“‘我’迷糊于白毛女的舞蹈”。）（这一段为2个句子构成的1个句群。）

④这是我进城后第一次正常地起床。那一场肾病差点要了我的

命。那时父母都没有“解放”，在乡下的一间破瓦房里教孩子们乘法除法和收租院的故事。父母把我送到城里。婶婶的脸上有很多慈善。只是表姐我一见面便不喜欢。我整天躺在表姐的木床上。//床头桌上有一个芭蕾舞造型的白毛女瓷像，表姐很喜爱。有时她照着塑像踮着脚走两步，有时对着镜子扭她的腰肢。表姐很爱舞蹈，这个我看得出来。我说，你这么爱跳，怎么不到芭蕾舞团去？表姐恶狠狠的一句回话让我摸不着头脑。要不是你爸爸，我早就进了芭蕾舞团了！（这一段是补述，没有主人公白毛女，有其他人物“爸爸妈妈”“婶婶”和“表姐”，他们每个人也都有自己的动作，依循前面梳理、分析和概括的路径，我们以“我”这一主人公作为陈述对象和观察视角，要么用表现“我”的核心动作的动词进行概括，要么用以“我”为主语的句子进行概括。本段中“我”最核心的动作是“躺”，“整天躺在表姐的木床上”与“第一次正常地起床”形成呼应，交代了前面情节的背景和来由。）（这一段的语意层次相对复杂，根据句子和句子之间的语意呼应，可以切分为2个句群。第一个句群写了“我”的进城和“我”的第一次起床；第二个句群写了“我”和表姐的关系。其中有一句过渡句“我整天躺在表姐的木床上”。该句与前后语意均有较深关联，笔者为什么认为这句话属于前一句群呢？大家不妨思考一下。）

⑤下午的琴声一响我就又站到了隔壁。后来白毛女终于出来了，她依然不肯看我一眼。我走到她身边，把偷采下来的栀子花送到她面前。给你。我说。给我的？她反问我。她的眼睛瞪大了。她一脸美丽的兴奋让我无比幸福。我没有开口，只是平举着那朵栀子花。她接过花随意在我的头发上摸了几下，问我，你在这儿干吗？看你跳舞。我

说。我跳得好吗？她问。我不知道，我不知道她跳得好不好，她老是反反复复做同一个动作。但是我喜欢。“我喜欢看你跳。”我说。（这一段最核心的动词是“送”，可以概括为：“‘我’送花给白毛女”。）

⑥后来的岁月里我的病中充满了走路的脚尖，许多想象从她的舞步上开始腾空。我做了许多梦，梦中的栀子花一直在门外期待。（这一段最核心的动词是“想象”和“期待”，可以概括为：“‘我’对白毛女充满想象与期待。”）

⑦那个午后发生的事使我觉得好生奇怪。表姐正在买自来水，她用两只白铁皮敲成的水桶往家挑，让我拉住天井的大门。我的这个站立地点使我对下面的事得到了一个奇特的观察视角。白毛女披着上衣正从斜对面过来，表姐狠狠“呸”了一声，白毛女也狠狠“呸”了一声。表姐说：跳！再跳把你的×给跳撕了！白毛女笑着说：撕不了。她矜持地走了。这场战斗无缘无故地开始，随着表姐进门时水桶的一声撞击突然地结束。（这一段写的是表姐和白毛女的“战斗”，可以概括为：“‘我’看到表姐和白毛女的战斗。”）

⑧挑完水表姐站在天井里发呆，她望着那株栀子花树，突然说：花呢？怎么花少了那么多？表姐没有问我，按常理男孩子是不会喜欢花朵的。（这一段的主要人物是表姐，相关动词是“站”“发呆”“望”“说”，可以概括为：表姐的疑惑。）

⑨我和白毛女幸福而又无奈的对话依然进行在她排练的间歇。和她说话时我越来越觉得自己有些不对劲了。我的目光越来越想躲避她白色衬衣中仇恨与反抗的部分。这是一种相当折磨人的事。我为自己有许多东西无法表达而伤神。（这一段回到“我”和白毛女的故事，

文中有一对语意反向相关的词语“幸福”和“折磨”，可以较好地概括“我”对白毛女的情感带给我的有张力的感受。）

⑩表姐是怎么知道栀子花的事的，我至今不得而知。表姐一进门就对我叫道：你把栀子花给了谁了？说，你给了谁了？如果在过去，我会满不在乎地说：你管我给谁了！近来我发生了一些细微变化。我低声说：给了白毛女了。婶婶在一旁说，这孩子会说这样的俏皮话。表姐大声说：哪里是俏皮话，是给了那个小妖精了。婶婶说：哪个小妖精？表姐说：还不是那个披头散发的妖精。表姐说话时我盯着我最心爱的一颗花骨朵儿，我计划等它一开放就把它送给白毛女。（这一段的主要人物是表姐，层意可以概括为：表姐的发现。）

⑪这个早晨对我永远是无可挽回的一天。这一天表姐休息，她走到我的床前。我的心沉了下去，生病之后我常常尿床。她掀开我的被子，说：你瞧你！满床画的地图，你胸怀祖国了你还想放眼世界？我说：表姐……表姐扯下我的床单就往天井里跑，她拿出一根竹竿把床单挂起来，大声说：这么大的人了，还尿床！“表姐……”我说。（这一段的主要人物是表姐，表姐最主要的动作是挂床单，“我”在这一过程中的反应是“心沉了下去”、无力地“说”。段中开头句已经总体性地概括了“我”的感受：“无可挽回”。层意可以概括为：表姐挂床单或“我”的无妄之灾。）

⑫灭顶之灾出现在眼前。白毛女那好看的脸极其残酷地出现在敞开的大门外头。我望着那好看的脸，一样东西在胸中很缓慢地粉碎。我的泪水不可遏止。整整一天我躺在没有床单的床上，望着方格子棂外悠远的花骨朵儿，我的勇气与自尊在香气中悲惨地消解。（这一段的层意可以呼应前一段，引用文本相关词语概括为：“我”的灭顶之

灾；也可以选择和前面段落中的“东西”一词相呼应的段中动词如“粉碎”进行概括。）

⑬过了好几天之后，表姐一回家就兴高采烈地说，他们完蛋啦，彻底完蛋啦。表姐说，那个老太婆是个反革命，揪出来啦，他们彻底完蛋啦！表姐痛快淋漓地说，你神气吧，哼！表姐的两只手叉在腰间，像女民兵一样英姿飒爽。我隐隐约约感到一种不妙。（这一段的主要人物是表姐，层意可以概括为：表姐的胜利或者白毛女的“完蛋”或者“我”感到“不妙”。）

⑭一个下雨的日子我鼓起勇气挨着墙角走了过去。我想象她在那里舞蹈，我渴望见到她和她的眼睛与胸脯。隔壁的大门紧关着，一把特大号的铁锁，上方贴着两张写着日期和“×”字形的白纸条，白纸条的尾部是两个鲜红的公章。悠扬哀怨的琴声在我心中响起，而我的身后，那株零落的栀子花树，在风中不语。（最后这一段写“我”，层意可以呼应前一段，引用文本相关词语概括为：“我”的灭顶之灾；也可以从白毛女的逝去带给“我”的情感冲击着手，层意可以概括为：“我”的伤逝。）

（有删改）

总体上说来，文本中的段意理解指标主要包括以下测评标准：

（一）有序进行六大进阶的内容理解阅读活动，取得准确的阶段性成果，其中准确概括和准确评价两大进阶是测评重点。

（二）基于词意理解和句意理解对段落中的语意层级作出准确的切分和精准的概括。

（三）基于段落中的语意层级，基于文意的整体性和语意的关联性，对段落大意作出准确的概括。

四、层意理解

层即层次，是文本中的语意聚合单位。这种聚合跟语言五级单位中的句群有密切关系，但在文本中，我们对层次的切分需要以自然段落为基本单位或基本参照。如前，文本中的自然段落有多种表现形式和多种语意层级，因为文本自然段落的复杂性，层次在文本中也有多种表现。对于由多个句群构成的自然段落来说，其内部也可以以句群为单位切分层次。此处讨论的层次是由多个自然段落构成的相对比较大的语意单位。这是在文本自然段落层次的基础上所做的对文本的二次结构化处理；对于一个整书文本来说，层次是在文本自然章节层次的基础上所做的对文本的二次结构化处理。层意理解需要对文意的整体性和语意的关联性有更多的关注，也需要在思维缜密性上有更好的基础。

层意理解需要按照文本的自然构成，在文本自然段落的基础上，由前到后地在文意的转换处对文本进行分层梳理、多维分析和精准概括。在阅读活动过程中，读者需要随时对层意进行梳理和解析，随时进行不同层级的层意概括。梳理、分析和概括都必须注意文意的整体性和语意的关联性。概括时要注意前后勾连，可尽可能选用文中语句，可尽可能采用相同的语言形式，务必形成基于文本整体、作为文本整体中的一部分的层意理解，从而有助于最终文意理解的实现。

以《那个男孩是我》为例，在基于整体文意、把每个自然段视为文本整体的一部分、在前后勾连中进行的对全文自然段段意亦即自然段段落层次层意概括的基础上，接下来可以对14个自然段的层意进行整合，形成较大的层次单位。该文本所讲述的故事发生在比较固定的空间：婶婶家和隔壁院落，但在时间上有着较长的跨度，而且文本中用词或短语对时间的变化进行了表达，所以这种整合可以根据时间的变化进行梳理、分类和重组。

我们可以圈画和提取文本中表示时间的语意信息，依序进行梳理，填写下表：

序号	时间信息	内容区间	大意概括
1	“整个上午”		
2	“那时”		
3	“下午”		
4	“后来的岁月里”		
5	“那个午后”		
6	“依然”		
7	“近来”		
8	“这个早晨”		
9	“过了好几天之后”		
10	“一个下雨的日子”		

按照时间线索进行梳理，本文可切分为十个层次。接下来，我们还可以根据更大层级的语意和文意变化，对十个时间段发生的事情再次进行整合，形成更大的层次单位。大家不妨按照层意提示填写下表：

序号	大意概括	内容区间
1	想象与期待	
2	折磨与幸福	
3	悲伤与悲剧	
4	消逝与伤逝	

如上，按照主人公“我”对白毛女的态度、白毛女对于“我”的影响、“我”和白毛女的关系的变化，本文最终可以切分为四个层次。

下面的文本题为《九十九度中》，“九十九度”是气温计数，我们不一定需要知道如何按照我们熟悉的摄氏单位进行换算，明确“九十九度”等于多少摄氏度，我们只需要根据开篇的“被太阳晒得滚烫”和文中多处相关信息作出天很热这一判断即可。指向炎热天气的“九十九度”与时间相关，把故事发生的时间限定在一个或者多个炎热天气之下。

时间相对确定和集中的情况下，文本中往往会出现变换的空间，这是一个非常典型的在空间变换中呈现故事内容、按照空间变换组织文本结构的文本。我们在阅读的过程中，在梳理、解析和层意概括的活动中，可以对其中的空间变换多予以关注（在文中进行相关圈画）。

九十九度中

林徽因

三个人肩上各挑着黄色，有“美丰楼”字号的大圆篓，用六个满是泥泞凝结的布鞋，走完一条被太阳晒得滚烫的马路之后，转弯进了一个胡同。在酸梅汤摊子前，让过一辆正在飞奔的家车——钢丝轮子亮得晃眼的，这三个流汗的挑夫便又努力地往前走，他们挑得特别吃劲，摇摇摆摆地使那黄篓左右的晃。

在那轻快的一瞥中，坐在洋车上的卢二爷看到黄篓上饭庄的字号，完全明白里面装的是丰盛的筵席。自然地，他估计到他自己午饭的问题。美丰楼的菜不算坏，义永居的汤面也不错，还是市场万花斋的点心？

“到市场，快点。”老卢吩咐车夫，于是主人和车夫戴着两顶价格极不相同的草帽，同在一个太阳底下，向东安市场奔去。（这一部分故事发生在“一个胡同”，“东安市场”是对后文中地点的提示。）

很多好看的碟子和鲜果点心，从黄篓中检点出来。立着监视的有饭庄的“二掌柜”和张宅的“大师傅”。因为胖的缘故，两人手里都有把大蒲扇。

那三个粗蠢的挑夫蹲在外院槐树荫下，用黯黑的毛巾擦他们的脑袋，等候着他们这满身淋汗的代价。一个探首到里院偷偷看院内华丽的景象。

里院和厨房的华丽和纷乱，为的是六十九年前的今天，江南一个富家添了一个绸缎金银裹托着的小生命。经过六十九个像今年这样流汗天气的夏天，又产生过另十一个同样需要绸缎金银的生命以后，那个生命乃被称为长寿而又有福气的妇人。

前两天这院子就为这事改变了模样，簇新的喜棚支出瓦檐丈余尺高，两旁是红喜字玻璃方窗，喜棚底下圆桌面就有七八张，方凳更是成叠地堆在一边。几个役夫持着鸡毛帚，忙了半早上才排好五桌。小孩子又多，什么孙少爷，侄孙少爷，姑太太们带来的那几位都够淘气的。李贵这边排好几张，那边小爷们又扯走了排火车玩。天热得厉害，苍蝇免不了多，点心干果都不敢先往桌子上摆。冰化得也快，篓子底下冰水化了满地，五少奶看见了只嚷不行，全要冰起来。

赵妈走到外院传话，听到陈升很不高兴地在问三个挑夫要多少酒钱。

“瞅着给罢。”一个说。“怪热的天，多赏点吧。”又一个抿了抿干燥的口唇，想到胡同口的酸梅汤摊子，嘴里觉着渴。（这一部分故事发生在“张宅”，文本中提到多个具体的地点，但都属于“张宅”，可以用“张宅”进行概括。）

嘴里渴得难受，杨三把卢二爷拉到东安市场，回头到“喜什么堂”门首找坐在洋车脚蹬上睡午觉的王康要债。王康上月底欠了杨三十四吊钱，到现在仍不肯还；只顾着躲他。杨三饿的时候，脾气常常要比平时坏一点。“四吊多钱我买点羊肉，吃一顿好的。葱花烙饼也不坏——谁又说大热天不能喝酒？喝点又怕什么——睡得更香。卢二爷到市场吃饭，进去少不了好几个钟头。”

喜燕堂门口挂着彩，几个乐队里人穿着红色制服，坐在门口喝茶——他们把大铜鼓撂在一旁，铜喇叭夹在两膝中间。杨三看到王康在小挑子的担里买香瓜吃。“有钱的娶媳妇，和咱们没有钱的娶媳妇，还不是一样？”王康说话就是要“逗个乐儿”，人家不敢说的话他敢说，一群车夫听到他的话，各各高兴地凑点尾声。

“老康！这些日子都到哪里去了？我这儿还等着钱吃饭呢！”杨三脖干儿上太阳烫得像火烧，乘着一股劲发作。

“呵，这打哪儿说得呢？”王康开始赖账了，“你要吃饭，你打你×的自己腰包里掏！要不然，你出个份子，进去那里边，”他手指着喜燕堂，“吃个现成的席去。”

巴掌，立刻打在王康的老脸上了。扭打，由小摊边开始，一直扩张到停洋车的地方。来往汽车的喇叭，像被打的狗，呜呜号叫。巡警离开了岗位；小孩子们围上来；喝茶的军乐队人员全站起来看；女人们吓得只喊，“了不得，前面出事了罢！”（这一部分故事发生在“喜燕堂门口”。“东安市场”是对后文中地点的提示。）

喜燕堂正厅里挂着金喜字红幛，几对喜联，新娘正在服从号令，连连地深深地鞠躬。外边的喧吵使周围客人的头同时向外面转，阿淑本来就是一阵阵地心跳，此刻更加失掉了均衡，手里抱着的鲜花随着打颤。昨晚上她哭，她妈也哭，将一串经验上得来的教训，拿出来赠给她——什么对老人要忍耐点，对小的要和气，什么事都要让着点——好像生活就是靠容忍和让步支持着！

她焦心的不是在公婆妯娌间的委曲求全。这几年对婚姻问题谁都讨论得热闹，她就不懂那些讨论的道理遇到实际时怎么就不发生关系。她这结婚的实际，并没有因为她多留心报纸上，新文学上，所讨论的婚姻问题，家庭问题，恋爱问题，而减少了问题。

“二十五岁了。妈劝你将就点，爹身体近来不好，女儿不能在娘家一辈子的，这家子不算坏；差事不错，前妻没有孩子不能算填房。”懦弱的母亲总是发愁似的，说不清是叹息是罗嗦。在这旧式家庭里，阿淑已经超出应该结婚的年龄很多了。她知道。父母那急着要她出嫁的神情使她太难堪！他们天天在替她选择合适的人家——其实哪里是选择！

她点一次头，让一个陌生的，异姓的，异性的人坐在她家里，乃至于她旁边，吃一顿饭的手续，父亲和母亲这两三年——竟许已是五六年——来的难题便突然地，在他们是觉得极文明地解决了。

迷离中阿淑开始幻想那外面吵闹的原因：汽车轧伤了人吧，学生又请愿，当局派军警弹压吧。但是，阿淑又想，怎么我还如是焦急，现在我该像死人一样了，生活的波澜该沾不上我了。（这一部分故事发生在“喜燕堂正厅”。）

“逸九你喝一杯什么？”老卢做东这样问。

“来一杯香桃冰淇凌吧！”

“你去拣几块好点心，老孟。”主人又招呼那一个客。午饭问题算是如此解决了。约到逸九和老孟来聊天，老卢显然很满意了。老卢、老孟谈着时局，老卢既是机关人员，时常免不了说“我又有个特别的消息，这样看来里面还有原因”，于是一层一层地做更详细原因的检讨，深深地浸入政治波澜里面。

“听说阿淑快要结婚了，不知道阿淑要嫁给谁！”逸九忽然记起瘦小，不爱说话的阿淑来。前年他们遇见一次，装束不入时的阿淑倒有种特有的美，一种灵性。但他似乎怕到表姨家，这几年的生疏叫他为难。（这一部分故事发生在“东安市场”，此处没有提及，根据前文得知。）

胡同口酸梅汤摊边刚走开了三个挑夫。酸凉的一杯水，短时间地给他们愉快，六只泥泞的脚仍然踏着滚烫的马路行去。（这一部分故事发生在“胡同口”。）

寒暑表中的水银从早起上升，一直过了九十五度的黑线上。喜棚底下比较荫凉的一片地面上聚着各种各色的人物。老太太颤巍巍地喘息着，继续维持着她的寿命。杂乱模糊的回忆在脑子里浮沉。兰兰七岁的那年……送阿旭到上海医病的那年真热……生四宝的时候在湖南……于是生育，病痛，兵乱，行旅，婚娶，没秩序，没规则地纷纷在她记忆下掀动。

小丫头寿儿坐在门槛上，巴不得酒席可以快点开完，底下人可以吃中饭，她肚子里实在饿得慌。一早眼睛所接触的，几乎全是可口的食品，但是她仍然饿着肚子，坐在老太太门槛上等候呼唤。她极想再到前院去看看热闹，但想到上次被打的情形，只得竭力忍耐。（这一部分故事发生在“张宅”。）

挑夫断续着呻吟，提起力气喊他孩子找他媳妇。不该喝那冰凉东西！迷惘中他看到碗，碟，果子杂乱地绕着大圆篓，他又像看到张家的厨房。不到一刻他肚子里像纠麻绳一般痛，发狂地呕吐使他沉入严重的症候里和死搏斗。

邻居知道挑夫家里出了事，顿一下脚：“咱们这命苦的！”他在想如何去捐募点钱，收殓他朋友的尸体。叫孝子挨家去磕头吧！（这一部分故事发生在“挑夫家”。）

天黑了下来，张宅跨院里更热闹，水月灯底下围着许多孩子，看变戏法的由袍子里捧出一大缸金鱼，一盘子“王母蟠桃”献到老太太面前。孩子们都凑上去验看金鱼的真假。老太太高兴地笑。

“天实在热，今天中暑的一定不少。”五少奶坐在牌桌上抽烟，“下午两点的时候刚刚九十九度啦！”其他人睁大了眼表示严重。（这一部分故事发生在“张宅”。）

杨三在热臭的拘留所里发愁，想着主人应该得到他出事的消息了，怎么还没有设法来保他出去。王康则在又一间房子里喂臭虫，苟且地睡觉。（这一部分故事发生在“拘留所”。）

老卢为着洋车被扣已经打了好几个电话了，在晚饭桌他听着太太的埋怨，看着报上张宅名伶送戏的一节新闻、杨三王康那段厮打的新闻、喜燕堂婚宴的新闻，再看一些零碎，他不禁注意到挑夫霍乱数小时毙命一节，感到白天去吃冰淇凌是件不聪明的事。（这一部分故事发生在“卢二爷家”。）

（改编自林徽因同名作品）

本文自然段颇多，按照自然段概括层意（段意）过于细碎，我们不妨先按照空间变化对自然段进行重组，填写下表：

序号	空间	内容区间	大意概括
1	“一个胡同”		
2	“张宅”　“外院”		
3	“喜燕堂”　“门首”		
4	“喜燕堂”　“正厅”		
5	“东安市场”　“万花斋”		
6	“胡同口”		
7	“张宅”		
8	“挑夫家”		
9	“张宅”　“跨院”		
10	“拘留所”		
11	“卢二爷家”		

接下来，我们还可以根据文意变化重新划分层次。大体上说来，本文可以分为五大层次，大家可以按照提示填写下表：

序号	大意概括	内容区间
1	张老太太寿宴	
2	阿淑喜宴	
3	挑夫之死	
4	车夫被拘	
5	闲人卢二爷	

经过梳理、解析和概括的阅读活动过程，我们最后把《那个男孩是我》和《九十九度中》分别分成了四层和五层，但如果我们对这两个文本

的不同层级内容在文中的分布进行比较，就会发现，《那个男孩是我》是按照文本的自然顺序进行的信息重组，而《九十九度中》中相同层次的内容分布在文本的不同区域。对分布在不同区域的相关信息的提取和重组，我们用“类型”一词来表达，下一节对此进行详述。

当文本的时间和空间都集中在比较短的区间或者时间和空间跨度虽大，但作者对此并没有进行提示或者强调的时候，层次切分和层意概括就只能以文意变化为判断依据。以《石门阵》为例，这是一个在很短的时间和基本固定的空间内发生的故事。其意义变化如下表所示：

<table>
<tr><td rowspan="5">1</td><td colspan="2">王木匠讲八阵图故事</td></tr>
<tr><td rowspan="4">王木匠讲石门阵故事</td><td>鬼子兵瞭望</td></tr>
<tr><td>鬼子兵进村</td></tr>
<tr><td>鬼子兵疑惑</td></tr>
<tr><td>鬼子兵逃命</td></tr>
<tr><td>2</td><td colspan="2">王木匠与乡亲们讨论</td></tr>
<tr><td>3</td><td colspan="2">王木匠的内心活动</td></tr>
</table>

总体上说来，文本中的层意理解指标主要包括以下测评标准：

（一）有序进行六大进阶的内容理解阅读活动，取得准确的阶段性成果，其中准确概括和准确评价两大进阶是测评重点。

（二）基于词意和句意理解对不同层次作出准确的切分。

（三）能够基于文意的整体性和语意的关联性对不同层次的层意作出准确的概括。

（四）能够在上下文中对不同层次之间的语意关联作出准确的分析和具体的阐释。

五、类意理解

除了按照文本自然呈现的语言文字流和语言文字场进行文意切分，我们还需要注意文本中另外一种文意组合方式，那就是出现在文本不同位置的文意关联，我们可以把这种文意关联信息称为“类别”。

类是根据意义关联形成的文意单位，这种意义关联与“层次”不同，它不是在文本的自然顺序中呈现，而是对分布在文本不同区域的有关联的语意信息进行的提取、分类和重组。在一个文本中，意义关联有三种：多次重复的语意和文意信息、相互呼应的语意和文意信息、形成比较的语意和文意信息，由此也形成了三种“类”。

此前我们对《九十九度中》一文的五级层次切分和层意概括就是按照“类型”进行梳理、分析和概括的结果。这五级层次是以主要人物为主体，对不同人物的主要事件进行概括得出的，这是对文本中相互呼应的语意和文意信息的提取和整合。实际上，《九十九度中》还有其他由相互呼应的语意和文意信息构成的“类”，也有由多次重复的语意和文意信息和形成比较的语意和文意信息构成的“类”。

由相互呼应的语意和文意信息构成的“类”，比如：“六十九年前的今天，江南一个富家添了一个绸缎金银裹托着的小生命。经过六十九个像今年这样流汗天气的夏天，又产生过另十一个同样需要绸缎金银的生命以后，那个生命乃被称为长寿而又有福气的妇人”和“老太太颤巍巍地喘息着，继续维持着她的寿命。杂乱模糊的回忆在脑子里浮沉。兰兰七岁的那年……送阿旭到上海医病的那年真热……生四宝的时候在湖南……于是生育，病痛，兵乱，行旅，婚娶，没秩序，没规则地纷纷在她记忆下掀动”两段之间的呼应。如果要问作为张宅寿宴的主角老太太真的是个“长寿而又有福气的妇人”吗，在这一相互呼应的语意“类”中我们可以作出更加精准的分析和判断。

由多次重复的语意和文意信息构成的“类”，比如：关于挑夫的“汗”以及“六只泥泞的脚”走在“滚烫的马路”。如果问作者为何要重复表达，显然意在以此强调底层老百姓、卖劳力谋生者的艰辛和卑微。

由形成比较的语意和文意信息构成的“类”，比如：新娘阿淑对“新”的追求和“旧式家庭”的生活环境。如果要问作为喜燕堂婚宴的主角，阿淑幸福吗，相信“新”与“旧”的对立与冲突可以提供给我们正确判断的视角和依据。

综上，如果说“层”是根据文本自然的、外显的结构所进行的文意切分，有如把一头牛分成牛头、牛身、牛蹄、牛尾四部分，那么，“类”则是根据文本中具有相关性的语意和文意信息所进行的文意切分，有如把一头牛分出牛脑和牛心、牛血和牛肉、牛筋和牛骨、牛皮和牛毛等部分。需要注意的是：类别散在于文本各处，但其意义与最终文意的关系更为紧密、更为深刻。遗憾的是，在目前的阅读活动和阅读教学中，对“类”的关注和研究基本阙如。

与“层”一样，“类”也有大小之分。以小说文体为例，“人物”是小说内容三要素之一，是小说内容中最重要的要素，小说是以塑造人物形象作为核心任务的——这是小说文体文本的必备知识。一部小说往往会塑造多个人物形象，但是这些人物形象是在情节中活动的，这就意味着关于同一个人物形象的语意内容，会分布在文本的不同位置。阅读小说文本时，我们就需要以某个人物为单位，在文本中提取与该人物有关的多次重复的、相互呼应的和形成比较的语意信息。以整书《红楼梦》中的人物为例。“林黛玉”的行为表现也可以成为一个类；在“林黛玉”的行为表现中，“笑”可以成为一个由多次重复和相互呼应的语意信息构成的类，“哭”也可以成为一个类，笑和哭之间有相互比较的语意关系。此外，“林黛玉”和“薛宝钗”也可以建构起一个相互之间存在比较关系的文意类。

下面我们阅读统编版语文七年级教材文本《老王》，找出文中多次重复、相互呼应和形成比较的语意信息，对其进行提取、分类和整合，并对不同类别的意义进行分析和概括。

老王

杨绛

我常坐老王的三轮。他蹬，我坐，一路上我们说着闲话。

据老王自己讲：北京解放后，蹬三轮的都组织起来；那时候他“脑袋慢”，“没绕过来”，“晚了一步”，就“进不去了”。他感叹自己“人老了，没用了”。老王常有失群落伍的惶恐，因为他是单干户。他靠着活命的只是一辆破旧的三轮车。有个哥哥，死了，有两个侄儿，“没出息”，此外就没什么亲人。

老王只有一只眼，另一只是“田螺眼”，瞎的。乘客不愿坐他的车，怕他看不清，撞了什么。有人说，这老光棍大约年轻时候不老实，害了什么恶病，瞎掉了一只眼。他那只好眼也有病，天黑了就看不见。有一次，他撞在电杆上，撞得半面肿胀，又青又紫。那时候我们在干校，我女儿说他是夜盲症，给他吃了大瓶的鱼肝油，晚上就看得见了。他也许是从小营养不良而瞎了一眼，也许是得了恶病，反正同是不幸，而后者该是更深的不幸。

有一天傍晚，我们夫妇散步，经过一个荒僻的小胡同，看见一个破破落落的大院，里面有几间塌败的小屋；老王正蹬着他那辆三轮进大院去。后来我坐着老王的车和他闲聊的时候，问起那里是不是他的家。他说，住那儿多年了。

有一年夏天，老王给我们楼下人家送冰，愿意给我们家带送，车费减半。我们当然不要他减半收费。每天清晨，老王抱着冰上三楼，代我们放入冰箱。他送的冰比他前任送的大一倍，冰价相等。胡同口蹬三轮的我们大多熟识，老王是其中最老实的。他从没看透我们是好欺负的主顾，他大概压根儿没想到这点。

“文化大革命”开始，默存不知怎么的一条腿走不得路了。我代他请了假，烦老王送他上医院。我自己不敢乘三轮，挤公共汽车到医院门口等待。老王帮我把默存扶下车，却坚决不肯拿钱。他说：“我送钱先生看病，不要钱。”我一定要给钱，他哑着嗓子悄悄问我：“你还有钱吗？”我笑着说有钱，他拿了钱却还不大放心。

我们从干校回来，载客三轮都取缔了。老王只好把他那辆三轮改成运货的平板三轮。他并没有力气运送什么货物。幸亏有一位老先生愿把自己降格为“货”，让老王运送。老王欣然在三轮平板的周围装上半寸高的边缘，好像有了这半寸边缘，乘客就围住了不会掉落。我问老王凭这位主顾，是否能维持生活，他说可以凑合。可是过些时老王病了，不知什么病，花钱吃了不知什么药，总不见好。开始几个月他还能扶病到我家来，以后只好托他同院的老李来代他传话了。

有一天，我在家听到打门，开门看见老王直僵僵地镶嵌在门框里。往常他坐在蹬三轮的座上，或抱着冰伛着身子进我家来，不显得那么高。也许他平时不那么瘦，也不那么直僵僵的。他面色死灰，两只眼上都结着一层翳，分不清哪一只瞎，哪一只不瞎。说得可笑些，他简直像棺材里倒出来的，就像我想象里的僵尸，骷髅上绷着一层枯黄的干皮，打上一棍就会散成一堆白骨。我吃惊地说：“啊呀，老王，你好些了吗？”

他“嗯”了一声，直着脚往里走，对我伸出两手。他一手提着个瓶子，一手提着一包东西。

我忙去接。瓶子里是香油，包裹里是鸡蛋。我记不清是十个还是二十个，因为在我记忆里多得数不完。我也记不起他是怎么说的，反正意思很明白，那是他送我们的。

我强笑说：“老王，这么新鲜的大鸡蛋，都给我们吃？”

他只说：“我不吃。”

我谢了他的好香油，谢了他的大鸡蛋，然后转身进屋去。他赶忙止住我说：“我不是要钱。”

我也赶忙解释：“我知道，我知道——不过你既然来了，就免得托人捎了。”

他也许觉得我这话有理，站着等我。

我把他包鸡蛋的一方灰不灰、蓝不蓝的方格子破布叠好还他。他一手拿着布，一手攥着钱，滞笨地转过身子。我忙去给他开了门，站在楼梯口，看他直着脚一级一级下楼去，直担心他半楼梯摔倒。等到听不见脚步声，我回屋才感到抱歉，没请他坐坐喝口茶水。可是我害怕得糊涂了。那直僵僵的身体好像不能坐，稍一弯曲就会散成一堆骨头。我不能想象他是怎么回家的。

过了十多天，我碰见老王同院的老李。我问：“老王怎么了？好些没有？”

“早埋了。”

“呀，他什么时候……”

“什么时候死的？就是到您那儿的第二天。”

> 我没再多问。
>
> 我回家看着还没动用的那瓶香油和没吃完的鸡蛋，一再追忆老王和我对答的话，琢磨他是否知道我领受他的谢意。我想他是知道的。但不知为什么，每想起老王，总觉得心上不安。因为吃了他的香油和鸡蛋？因为他来表示感谢，我却拿钱去侮辱他？都不是。几年过去了，我渐渐明白：那是一个幸运的人对一个不幸者的愧怍。

先来看多次重复的语意信息。很多读者关注到的相关信息是“香油”和“鸡蛋”，它们的多次重复突出了物质在物质匮乏时代的珍贵以及由此体现的老王对杨绛的深厚情感。其实，文中有一个颇为明显的多次重复的语意信息，那就是“直僵僵”，一共出现了3次，其他还有相关的“僵尸”1次，“直着脚”2次。这一语意信息点之所以容易被发现，是因为它们所处的位置比较集中。这6次重复的语意信息显然暗示了老王的死，而文中后续内容证实了这一点（“什么时候死的？就是到您那儿的第二天”）。另外，还有一个因为所处位置不集中而容易被忽略的语意信息点，那就是“破”，在“一辆破旧的三轮车”“一个破破落落的大院”“一方灰不灰、蓝不蓝的方格子破布”三处出现，破车、破院、破布三者相互呼应，呈现了老王极其困窘的生存状况和人生境遇。最后，文本尾句中的“不幸”和前文中的两处“不幸”重复，在“幸运者”和“不幸”的呼应和比较中，包含着杨绛对老王的深切同情。

再来看相互呼应的语意信息。文中的呼应点主要有3种：车、眼睛和钱。老王是个车夫，关于他的车，文中出现了2次：第一次是“一辆破旧的三轮车”，第二次是“把他那辆三轮改成运货的平板三轮。……老王欣然在三轮平板的周围装上半寸高的边缘……”。老王眼睛有残疾，关于他的眼睛，文中也出现了2次：第一次“老王只有一只眼，另一只是‘田螺眼’，瞎的”；第二次“他面色死灰，两只眼上都结着一层翳，分不清哪一只瞎，哪一只不瞎”。车和眼睛的变化表明老王的境遇越来越差。钱在文中同样多次出现，形成呼应关系，先是送冰时的“车费减半”；后来是送医时的“坚决不肯拿钱”，在“我一定要给钱”的情况下，“他哑着嗓子悄悄问我：‘你还有钱吗？’”，而且“他拿了钱却还不大放心”；最后是老王送香油和鸡蛋时说：“我不是要钱。”“我”当然还是给了钱，以至于最后感到愧怍：“他来表示感谢，我却拿钱去侮辱他？”钱在文中的多次出现、相互呼应表明：杨绛和老王原本是雇佣与被雇佣的关系，老王的不要钱表明他对杨绛的感情已经超越了这样的关系，文中的“开始几个月他还能扶病到我家来，以后只好托他同院的老李来代他传话了”一句也证明了这一点，而杨绛坚持付钱虽有体恤其艰难之意，但也固化了相互之间因社会身份和社会等级不同而形成的关系，老王死去杨绛并不知情，也并未参加其葬礼证明了这一点。

最后看形成比较的语意信息。首先是杨绛一家对老王和别人对待老王形成了比较：“我常坐老王的三轮”和“乘客不愿坐他的车”，“有人说，这老光棍大约年轻时候不老实，害了什么恶病，瞎掉了一只眼”和“我女儿说他是夜盲症，给他吃了大瓶的鱼肝油”“反正同是不幸，而后者该是更深的不幸”。其次是老王对待杨绛一家和别人对待杨绛一家形成了比较：“他从没看透我们是好欺负的主顾，他大概压根儿没想到这点。”正是在这样的比较中，我们能看出杨绛一家和老王都是对他人充满了爱心和善意、对“不幸者”充满了同情的人，这使他们与那些势利之人区别开来，使他们身上闪耀着人性的光辉。文本的最后，“幸运的人”与“不幸者”的对举，又让我们看到了社会阶层划分的现实和社会中大多数人以及文化整体表现出的趋炎附势、欺下媚上的凉薄。

这些类别信息的提取和类意的理解对于文意的理解有什么作用呢？这种作用首先体现在对人物形象的全面把握和精准理解上，其次可以帮助读者透过文本的字面意义，在人物与环境（包括其他人物）的关系中更好地把握文本的深层意义（主旨）。《老王》一文的主要书写对象是老王这个人，通过以上类别信息提取和类意解读，我们就能够明白，老王是一个境遇极其困窘、地位极其卑微的人（“破”），而且一直处在不断恶化之中（“车”“眼”），直至将死（“直僵僵”），但他却并不因此而缺少爱的能力，他关心杨绛是否有钱花（“钱”），临终前把省吃俭用积攒下来的香油和鸡蛋送给杨绛（“香油和鸡蛋”）。就老王与环境的关系而言，他和杨绛一样，都没有一般世俗中人的势利待人、趋炎附势、欺下媚上，相反，他们会同情弱者，向世界释放最大的善意，这是一种人性的光辉，是推动文明进步的力量；但我们的社会却总是存在分层（“幸运的人”与“不幸者”），存在对不同社会阶层的区别对待和不同社会阶层之间的隔膜。是的，与杨绛对他的平等相待相比，他身上所闪耀着的人性的光辉并不逊色，甚至要更为突出，毕竟杨绛一家没有给予老王对等的友情，连他寂然死去都并不知情。

不难发现，类意理解是通向整体文意理解的重要一步。如果我们只是在词意、句意的基础上停留在层意这一级，我们可以明确全文写了“老王的基本情况”“老王和我们一家的交往情况”“老王的死去”等内容，至于文意理解的全面实现和深度达成，则必须要经过类意理解这一步。

类意理解其实也会成为高考语文的关注点，下面我们来看2020年高考真题文本《越野滑雪》和“两人在喝完酒离开客栈前有一段一再相约的对话。请结合上下文分析对话者的心理”考题。题干中的“一再相约”就是一个在文本中多次重复的语意关联点。

越野滑雪

【美】海明威

缆车又颠了一下，停了。尼克正在行李车厢里给滑雪板上蜡，把靴尖塞进滑雪板上的铁夹，牢牢扣上夹子。他从车厢边缘跳下，落脚在硬邦邦的冰壳上，来一个弹跳旋转，蹲下身子，把滑雪杖拖在背后，一溜烟滑下山坡。

乔治在下面的雪坡上一落一起，再一落就不见了人影。尼克顺着陡起陡伏的山坡滑下去时，那股冲势加上猛然下滑的劲儿把他弄得浑然忘却一切，只觉得身子里有一股飞翔、下坠的奇妙感。他挺起身，稍稍来个上滑姿势，一下子又往下滑，往下滑，冲下最后一个陡峭的长坡，越滑越快，越滑越快，雪坡似乎在他脚下消失了。身子下蹲得几乎倒坐在滑雪板上，尽量把重心放低，只见飞雪犹如沙暴，他知道速度太快了。但他稳住了。随即一搭被风刮进坑里的软雪把他绊倒，滑雪板一阵磕磕绊绊，他接连翻了几个筋斗，然后停住，两腿交叉，滑雪板朝天翘起，鼻子和耳朵里满是雪。

乔治站在坡下稍远的地方，正噼噼啪啪地拍掉风衣上的雪。

“你的姿势真美妙，尼克，”他大声叫道，“那搭烂糟糟的雪真该死。把我也绊了一跤。”

“在峡谷滑雪什么滋味儿？”尼克挣扎着站起来。

“你得靠左滑。因为谷底有堵栅栏，所以飞速冲下去后得来个大旋身。”

“等一会儿我们一起去滑。”

“不，你先去。我想看你滑下峡谷。”

尼克赶过乔治，他的滑雪板开始有点打滑，随后一下子猛冲下去。他坚持靠左边滑，末了，在冲向栅栏时，紧紧并拢双膝，像拧紧螺旋似的旋转身子，把滑雪板向右来个急转弯，扬起滚滚白雪，然后慢慢减速，跟铁丝栅栏平行地站住了。

他抬头看看山上。乔治正屈起双膝滑下山来；两支滑雪杖像虫子的细腿那样荡着，杖尖触到地面，掀起阵阵白雪，最后，这整个一腿下跪、一腿拖随的身子来个漂亮的右转弯，蹲着滑行，双腿一前一后，飞快移动，身子探出，防止旋转，两支滑雪杖像两个光点，把弧线衬托得更加突出，一切都笼罩在漫天飞舞的白雪中。

尼克用滑雪板把铁丝栅栏最高一股铁丝压下，乔治纵身越过去。他们沿路屈膝滑行，进入一片松林。路面结着光亮的冰层，被拖运原木的马儿拉的犁弄脏了，染得一搭橙红，一搭烟黄。两人一直沿着路边那片雪地滑行。大路陡然往下倾斜通往小河，然后笔直上坡。他们透过林子，看得见一座饱经风吹雨打、屋檐较低的长形的房子。走近了，看出窗框漆成绿色。油漆在剥落。

他们把滑雪板竖靠在客栈墙上，把靴子蹬蹬干净才走进去。

客栈里黑咕隆咚的。有只大瓷火炉在屋角亮着火光。天花板很低。屋内两边那些酒渍斑斑的暗黑色桌子后面摆着光溜溜的长椅。两个瑞士人坐在炉边，喝着小杯浑浊的新酒。尼克和乔治在炉子另一边靠墙坐下。一个围着蓝围裙的姑娘走过来。

“来瓶西昂酒，”尼克说，“行不行？”

“行啊，”乔治说，“你对酒比我内行。”

姑娘走出去了。

“没一项玩意儿真正比得上滑雪，对吧？”尼克说，“你滑了老长一段路，头一回歇下来的时候就会有这么个感觉。”

“嘿，”乔治说，“真是妙不可言。”

姑娘拿酒进来后出去了，他们听见她在隔壁房里唱歌。

门开了，一帮子从大路那头来的伐木工人走进来，在屋里把靴子上的雪跺掉，身上直冒水汽。女招待给这帮人送来了三公升新酒，他们分坐两桌，光抽烟，不作声，脱了帽，有的背靠着墙，有的趴在桌上。屋外，拉运木雪橇的马儿偶尔一仰脖子，铃铛就清脆地丁当作响。

乔治和尼克都高高兴兴的。他们两人很合得来。他们知道回去还有一段路程可滑呢。

“你几时得回学校去？”尼克问。

“今晚，”乔治回答，“我得赶十点四十的车。”

“真希望你能留下，我们明天上百合花峰去滑雪。”

“我得上学啊，”乔治说，“哎呀，尼克，难道你不希望我们能就这么在一起闲逛吗？带上滑雪板，乘上火车，到一个地方滑个痛快，滑好上路，找客栈投宿，再一直越过奥伯兰山脉，直奔瓦莱州，穿过恩加丁谷地。”

“对，就这样穿过黑森林区。哎呀，都是好地方啊。”

“就是你今年夏天钓鱼的地方吧？”

“是啊。”

他们喝干了剩酒。

尼克双肘撑在桌上，乔治往墙上颓然一靠。

“也许我们再也没机会滑雪了，尼克。”乔治说。

“我们一定得滑，”尼克说，“否则就没意思了。”

“我们要去滑，没错。”乔治说。

“我们一定得滑。”尼克附和说。

“希望我们能就此说定了。”乔治说。

尼克站起身。他把风衣扣紧。他拿起靠墙放着的两支滑雪杖。

“说定了可一点也靠不住。”他说。

他们开了门，走出去。天气很冷。雪结得硬邦邦的。大路一直爬上山坡通到松林里。

（陈良廷译，有删改）

“一再相约”出现在文本的最后，文末有两句完全重复的话——“我们一定得滑”，还有一句语意基本相同的话——“我们要去滑”，另外还有几个语意指向基本一致的句子：“希望我们能就此说定了”“也许我们再也没机会滑雪了”“说定了可一点也靠不住”。

参考答案：

①两人一再相约，表明他们对此有强烈的愿望；②分别之际的一再相约，也表达出依依不舍的心情；③但已经感觉到这一愿望不会实现，心情有些惘然。

这一答案最大的不足是第一点中的“对此”没有关联文本进行具体化阐释，文本中两人“一再相约”的具体内容是：一起到好地方滑雪，其中“一起”表明他们对友情的珍视，“好地方”表明他们对远方的向往，“滑雪”表明他们对滑雪的热爱，而“一再”表明他们对离别的不舍和预感到相聚无望的悲伤。

除了“一再相约”这一多次重复的语意信息点之外，文本中相互呼应和形成比较的语意信息点也有很多，只有对这些类别的类意进行了梳理和解析，才能正确地通向文意理解。

以滑雪地点的相互呼应为例，两人滑过了“雪坡”“峡谷”“松林”“雪地”4种地貌区域，而这4个地方都不是什么好的滑雪之地，“雪坡”有一搭“烂糟糟的雪”把他们都“绊了一跤”，“峡谷”“谷底有堵栅栏”，“松林”很脏，“雪地”路很陡，由此我们可以判断：写客栈的破败并非如相关试题中所说是为了与雪野形成对比，而恰恰是形成呼应，从而共同指向文中人物想要到“好地方”去滑雪的愿望。

此外，滑雪时看见“松林”“被拖运原木的马儿拉的犁弄脏”和在客栈喝酒时“屋外，拉运木雪橇的马儿偶尔一仰脖子，铃铛就清脆地丁当作响”的呼应，“扬起滚滚白雪”和“掀起阵阵白雪”的对比，“他们把滑雪板竖靠在客栈墙上，把靴子蹬蹬干净才走进去”和“一帮子从大路那头来的伐木工人走进来，在屋里把靴子上的雪跺掉，身上直冒水汽”的对比，都充分表现出作者在细节刻画上的深厚功力。

总体上说来，文本中的类意理解指标主要包括以下测评标准：

（一）有序进行六大进阶的内容理解阅读活动，取得准确的阶段性成果，其中准确概括和准确评价两大进阶是测评重点。

（二）基于词意理解、句意理解以及文体表征对不同类别作出准确的切分。

（三）能够基于文意的整体性和语意的关联性对不同类别的类意作出准确的概括。

（四）能够在上下文中对不同类型之间的语意关联作出准确的分析和具体的阐释。

六、文意理解

文本内容回答文本写了什么这一问题，是读者首先能够关注的文本要素，甚至是很多读者唯一关注的文本要素，但并非所有的读者都能对文意作出准确的理解、准确的概括和准确的评价。文意理解是阅读活动指向文本内容要素的最后一个层级和最高一种指标。当然，本书对阅读素养的界定，不以内容信息获取为终点，而是以语言文字运用能力提升为旨归，因此本书阅读素养还包含对形式要素的鉴赏和对主旨要素的探究，而针对这两个要素的阅读活动，均要以对文意的正确理解为基础。

在某种程度上，无论是单篇文本还是整书文本，一个文本的标题或者书名就是对文意最精当的概括，我们在对前面引用文本《水在滴》的标题句“水在滴”进行句意理解之后，就会发现，这一标题不能涵盖文本全部语意和整体文意，在语意和文意概括方面不够准确。

对文意的概括亦即文意理解需要以对词意的识记为基础，在文本文字信息整体中，基于各级指标内部的关联性建构和各级指标之间的相关性，一步步走过词意、句意、段意、层意、类意五个步骤，最终形成对文意的整体概括。

下面以《大鼻子的故事》为例，演示如何通过词意理解、句意理解、段意理解、层意理解、类意理解五个步骤，最终形成对文意的整体概括。

大鼻子的故事

茅盾

这一天不是热天，照日历上算，恰是一年的第一个月将到尽头，然而这一天又不怎样冷。

“这一天”写的是时间，可能就是故事发生的时间。第一自然段首先交代了时间：一年的第一个月将到尽头。关联后文，可以确定这一天是1月28日，1932年1月28日，日军以事先制造的一系列事件作为借口，发动对上海闸北区的进攻，制造了震惊中外的一·二八事变。——注意：对这一历史事件的了解并非读懂文本的必要条件。

与此同时，第一自然段还交代了这一天的天气情况：“不是热天”“又不怎样冷”。

这一头，在“大上海”的什么角落里，一定有些体面人温良地坐着，起立，“静默三分钟”。于是上衙门的上衙门，到“写字间”的到“写字间”……

“这一头”写的是地点，但不一定是故事发生的地点。这一段交代了地点：上海的一些角落。从本段的描写来看，这些角落是“体面人”工作的地方。

然而这一天，在“大上海”纵贯南北的一条脉管（马路）上，却奔流着一股各色人等的怒潮，用震动大地的呐喊，回答四年前的炮声。

这一段层意与上一段形成对比：地点是不同于“角落”的“马路”，人物是不同于“体面人”的“各色人等”，行为动作是不同于工作的“奔流”和“呐喊”。是的，一边是温良的体面人去上班，另一边是马路上“奔流”着的“一股各色人等的怒潮”，也就是游行示威的队伍。

行文至此，第一层完成。这一层写的是宏阔的大全景。读者可以推断，下面的场面会发生变换，很可能要有细部的特写，而且，作品的主人公应该要出场了。

我们的大鼻子，这时正从他那受过炮火洗礼的瓦砾场的“家”钻出来往南走，打算找到一顿早饭。

主人公“大鼻子”出场，本段交代了他的住所和他的“打算”。“他那受过炮火洗礼的瓦砾场的‘家’”一句暗示“大鼻子”是一·二八事变的受害者。“家”这一词语为什么要打上引号呢？对此的解读会让我们明白：文意的整体性包含标点符号所表之意和所表之语气语调。

他迎头赶上了这雄壮的人流，以为这是什么“大出丧”呢。仔细一看，没有“开路神”，也不见什么“顶马”。走在前头的，是长衫先生，洋装先生，旗袍大衣的小姐，旗袍不穿大衣的小姐，长衣的像学生，短衣的像工人，像学徒，——这样一群人，手里大都有小旗。

这一段写“大鼻子”与游行队伍的相遇，其间他的认知冲突与所见。通过他的视角，写出了参与游行的“各色人等”和他们的“道具”。“长衫先生，洋装先生，旗袍大衣的小姐，旗袍不穿大衣的小姐，长衣的像学生，短衣的像工人，像学徒”这一句呼应前文中的“各色人等”，暗示游行队伍中什么人都有；用服装来借代人物非常符合“大鼻子”—— 一个孩子的观察视角和表达方式。这里有“开路神”和“顶马”对于读者来说语意可能陌生的生僻词语，但可以关联“大出丧”推断出词意。

这样的队伍浩浩荡荡前来，看不见它的尾巴。不，它的尾巴在时时加长起来，它沿路吸收了无数人进去，长衣的和短衣的，男的和女的，老的和小的。

这一段继续通过“大鼻子”的视角写游行队伍的“时时加长”。此处有三组语意相对的信息点的组合，与“无数人”形成呼应。

有些人手里拿着许多纸分给路边的看客，也和看客们说些话语。忽然，震天动地的一声喊——

“中华民族解放万万岁！”

这两段继续通过“大鼻子”的视角写游行者的行为。

这是千万条喉咙里喊出来的！这是千万条喉咙合成一条大喉咙喊出来的！大鼻子不懂这喊的是一句什么话，但他却懂得这队伍确不是什么“大出丧”了。他感得有点失望，但也觉得有趣。这当儿，有个人把一张纸放在他手里，并且说：

“小朋友！一同去！加入爱国示威运动！”

这两段文字写“大鼻子”对于游行队伍的认知和情感（因为不是出丧的队伍而感到失望，因为热闹而觉得有趣），以及游行者和他的交集。

以上文字为第二层，写的是“大鼻子”与游行队伍的相遇。

大鼻子不懂得要他去干么，然而大鼻子在人多热闹的场所总是很勇敢很坚决的，他就跟着走。

这一段写“大鼻子”加入游行队伍，但其动机是凑热闹，而不是游行。

大鼻子的前面有三个青年，男的和女的；他们一路说些大鼻子听不懂的话，中间似乎还有几个洋字。大鼻子向来讨厌说洋话的，因为全说洋话的高鼻子固然打过他，只夹着几个洋字的低鼻子也打过他，而且比高鼻子打得重些。这时有一片冷风像钻子一般刺来，大鼻子就觉得鼻子里酸酸的有些东西要出来了。他随手一把捞起，这么一撩，不歪不斜，鼻涕都爬在一个女郎的蓬松的头发上了，那女郎没察觉，他睒着眼得意地望着那些鼻涕像冰丝似的从女郎的头发上挂下来，巍颤颤地发抖，他觉得很有趣。

这一段继续通过“大鼻子”的视角写游行者的行为。有两层意思：第一层关于“三个青年”，第二层关于“一个女郎”。

“三个青年”的特征是“说些大鼻子听不懂的话，中间似乎还有几个洋字”“全说洋话的高鼻子”和“只夹着几个洋字的低鼻子”出现在对“大鼻子”情感态度的叙述中，“高鼻子”“低鼻子”与“大鼻子”形成呼应；“高鼻子”是洋人，“低鼻子”是中国人，洋人打“大鼻子”，中国人也打他，而且比洋人打得狠，这一句话也呼应了前文的“各色人等”，同时巧妙地写出了当时“大上海”的社会环境，并且暗示这三个青年并不一定是革命者。

“一个女郎”没有察觉到“大鼻子”把鼻涕撩到了她的头发上，“大鼻子”颇觉有趣。

人群加倍雄壮地喊道：“打倒××帝国主义！”

这一段和前文中“中华民族解放万万岁！”的口号呼应，共同构成游行队伍的诉求和主张。

大鼻子跟着学了一句。可是同时，他忽然发见他身边有一个学生，披一件大衣，没有扣好，露出一个钱袋的提手。根据新学会的本领，大鼻子认定这学生的手袋分明在向他招手。他嘴里哼着“打倒——他妈的！”，身子便靠近去。

这一段一方面写“大鼻子”的行为，另一方面继续通过“大鼻子”的视角写游行者的行为，这次写的是“一个学生”。

“大鼻子”的行为很有意思，他一边心不在焉地喊口号，一边计划偷窃。

以上文字可以作为第三层，写的是“大鼻子”对游行队伍的观察和他本人在游行队伍中的表现。

但是正当大鼻子认为时机已到的一刹那，几个凶神似的巡捕从旁边冲来，不问情由便夺队伍里人们的小旗，又喝道：

“不准喊口号！不准！”

这两段写冲来的巡捕。

大鼻子心虚，赶快从一个高个儿的腿缝间钻到前面去。可是也明明看见那个穿大衣的学生和那头发上顶着鼻涕的女郎同巡捕扭打起来了，——他们不肯放弃他们的旗子！

许多人帮着学生和那女子。前面的人也回身来援救。这里立刻是一个争斗的旋涡。

这两段写“一个学生”“一个女郎”和巡捕的扭打。三个人物（点）分别和前文呼应，人物群像（面）也有所兼顾。

对于眼前的事，大鼻子是懂得明明白白的。他脑筋里立刻排出一个公式来：“他自己常常被巡捕打，现在那学生和那女郎也被打；他自己是好人，所以那二个也是好人；好人要帮好人！”

这一段写“大鼻子”的心理活动：确定“学生”和“女郎”是“好人”；认为要帮助好人。

谁的一面旗子落在地下了，大鼻子立刻拾在手中，拼命舞动。

这一段写“大鼻子”的行为：拾起了落在地下的一面旗子并且“拼命舞动”起来。要注意的是：行文至此，“大鼻子”对游行队伍的态度有所变化，但并不是因为对革命的认同，而是出于好人要帮助好人的朴素观念。

纷乱过去，队伍仍向前进。那学生和那女郎到底放弃了一面旗子。大鼻子把自己的旗子送给那学生道：

“不怕！还有一面呢！算是你的！”

学生很和善地笑了。

“你们到哪里去？”

“到庙行去！”

“去干么？这旗子可是干么的？”

“哦！小朋友！”那头发上有大鼻子的鼻涕的女郎接口说，“你记得么，四年前，上海打仗，大炮，飞机，××飞机，炸弹，烧了许多许多房子。”

“我记得的！”大鼻子回答，一只眼偷偷地望着那女郎的头发上的鼻涕。四年前，“大铁鸟”在半空里撒下无数的炸弹，他就没有家了，同时他亦没有爸爸和妈妈了。

“记得就好了！要不要报仇？”

这是大鼻子懂得的。他做一个鬼脸表示他“要”，然而他的眼光又碰着了那女郎头发上的鼻涕，他觉得怪不好意思，赶快转过脸去。

“中华民族解放万万岁！”

这喊声又震天动地来了。大鼻子赶快不大正确地跟着学一句，又偷眼看一下那女郎头发上的鼻涕，心里盼望立刻有一阵大风把这一抹鼻涕吹得干干净净。

这一部分节奏很快，写“纷乱”过后游行途中“大鼻子”和“那学生”“那女郎”的对话。这是“大鼻子”开始觉醒的一段。

这段文字中三次出现“大鼻子”对鼻涕的关注：“一只眼偷偷地望着那女郎的头发上的鼻涕”“他的眼光又碰着了那女郎头发上的鼻涕，他觉得怪不好意思，赶快转过脸去”“偷眼看一下那女郎头发上的鼻涕，心里盼望立刻有一阵大风把这一抹鼻涕吹得干干净净”。从偷看到转脸再到盼望，他的心理变化过程实际上也就是他对女郎产生认同感的过程，这是写他觉醒过程的一条心理暗线，写他觉醒的表征则是“赶快不大正确地跟着学一句”。

以上文字可以作为第四层，写的是“大鼻子”的变化。

“打倒××帝国主义！”

“一·二八精神万岁！”

怒潮似的，从大鼻子前后左右掀起了这么两句。头上四个字是大鼻子有点懂的，他胀大了嗓子似的就喊这四个字。他身边那个穿大衣的学生一面喊一边舞动着两臂。那钱袋从衣袋里跳了出来。只有大鼻子是看见的。他敏捷地拾了起来，在手里掂了一掂，这时——

“打倒一切汉奸！”

“到庙行去！”

大鼻子的熟练的手指轻轻一转，将那钱袋送回了原处。他忽然觉得精神百倍，也舞动着臂膊喊道：

“打倒——他妈的！到庙行去！”

这几段写的是觉醒后的“大鼻子”的行为：积极主动喊革命口号和把钱袋送回给学生，前者和前文形成呼应，后者和前文形成比较。

他并不知道庙行是什么地方，是什么东西，然而他相信那学生和那女郎不会骗他，而且他应该去！他恍惚认定到那边去一定有好处！

“中华民族解放万岁！”

这两段继续写觉醒后的“大鼻子”，因为对学生和女郎的认同，他成为革命队伍中的一员了。

这时队伍正走过了大鼻子那个“家”所在的瓦砾场了。队伍像通了电似的，像一个人似的，又一句：

“中华民族解放万万岁！”

一九三六年五月二十七日

（有删改）

结尾两段有两点值得关注：一是和前文发生呼应的地点——“大鼻子”的住所，一片“瓦砾场”，也就是一·二八事变的现场；二是相关描写的象征意义：“队伍像通了电似的，像一个人似的”，“通了电”表明热情高涨，“一个人”表明高度团结——通过这一句，“大鼻子”的觉醒过程因此有了普遍意义。

考题：下列对小说相关内容的理解，正确的一项是（　　）。

本题考查对文本内容的理解，文本的内容即文本写了什么，也就是文本中可见的信息。题干中的“小说”一词呈现出文本的文体表征，而本题各选项都是对文本中某些信息点的解读，也包含对不同信息点之间关系的分析，这些信息点以小说文体的内容表征即人物、情节、环境三要素为切入点。

A．小说开头“一年的第一个月将到尽头”，暗示了这天是“一·二八淞沪抗战”的纪念日。

A项是正确表达、正确选项。

B．大鼻子一直记得是谁夺走了他的爸爸和妈妈，这个认知是他加入游行队伍的主要动力。

B项是错误表达、错误选项。根据文本，前一个分句无误：“‘我记得的！’大鼻子回答，四年前，‘大铁鸟’在半空里撒下无数的炸弹，他就没有家了，同时他亦没有爸爸和妈妈了。”但后一个分句明显不对。

C．大鼻子能把掉落在地上的旗子捡起来送给学生，象征着爱国行动深得人心，后继有人。

C项是错误表达、错误选项。大鼻子能把掉落在地上的旗子捡起来送给学生，只是因为好人要帮助好人的朴素观念。

D．游行队伍经过瓦砾场，因为看到大鼻子破败的“家”，人们不由得群情激愤，同仇敌忾。

D项是错误表达、错误选项。这句话其实是有一定道理的，一方面是依据文本中的描写“这时队伍正走过了大鼻子那个‘家’所在的瓦砾场了。队伍像通了电似的，像一个人似的”二者之间有相关性；另一方面是进入文本情境，体会人物心情，一·二八事变的现场还在，自然更能唤起游行队伍的激愤之情。当然，大鼻子和学生、女郎只是游行队伍中的一小点，整个队伍的群情激愤和同仇敌忾并非因为看到了大鼻子的“家”，而应该是看到了被日本侵略者破坏过的现场。

考题：大鼻子在游行队伍中为什么先是想偷钱包，后却送回了钱包？请简要分析。

解答此题的关键是找到文本中“想偷钱包”和“送回钱包”两个细节所对应的大鼻子的态度变化。“想偷钱包”时的大鼻子只是因为凑热闹加入了游行队伍，因为求生的需要养成了偷窃的习惯，因为本能打算行窃；“送回钱包”时的大鼻子已经开始觉醒，一种力量使他摆脱了偷窃的陋习，让他“精神百倍”。

参考答案：

①大鼻子想偷钱包是出于流浪儿的本能，为获取最基本的生活需要而采取的无奈选择；

②后来送回钱包是因为懵懂的觉醒，意识到游行者是好人，善良的天性被唤醒。

参考答案中第二点有误，意识到学生是好人时，“大鼻子”只是把掉落在地上的旗子捡起来送给了学生。这显然是因为读文本不细致出现的偏颇，我们一定要注意细读文本，通过做好结构化的切分来把握文本。

考题：儿童小说往往借儿童的眼睛观察世界，用儿童的思维认知社会。本小说通过流浪儿“大鼻子”的视角，反映了特定历史时间点的旧上海社会状况。请从文中举出两处这样的例子，并简要分析其内容及效果。

本题题干中写到：本小说通过流浪儿“大鼻子”的视角，反映了特定历史时间点的旧上海社会状况。这一概括存在极大偏颇：“大鼻子”是小说的主人公，不只是一个“视角”；小说写的就是“大鼻子”的生存状况和变化过程，特定历史时间点旧上海的社会状况是人物活动的背景、人物命运及其变化的原因。

参考答案：

①大鼻子将飞机称为“大铁鸟”，这是一个没有基本的科学知识的流浪儿的说法，战争的残酷与儿童眼中的形象表达，产生了强烈的反差。

②大鼻子对游行者的判断是“长衫先生，洋装先生，……短衣的像工人，像学徒”，没有逻辑的分类正是儿童观察视觉的表现，真实地反映了当时游行者众多，且来自社会的不同阶层，突出了上海人民同仇敌忾的爱国热情。

关于游行队伍，大鼻子误把游行示威的队伍当作“大出丧”的队伍，表明上海旧俗；大鼻子对游行队伍的观察，用“长衫先生，洋装先生，……短衣的像工人，像学徒”来表达，一是用服装借代人，二是对人物身份的模糊判断，应注意并没有分类。

③大鼻子的经历中，全说洋话的“高鼻子”和“低鼻子”都打过他，比低鼻子“打得重些”，这是儿童的观察所得和切身感受，真实地再现了当时旧上海洋人与买办等欺压民众的现状。

用外貌特征借代人，符合儿童的思维方式和表达习惯。

④大鼻子对看到巡捕打游行者，立刻排出自己的“一个公式”，这种思维逻辑符合儿童单向思维的特点，客观反映了旧上海巡捕对平民百姓的残暴。

如上，我们在阅读活动过程中，同步进行对文字信息的梳理（包含提取、分类和整合）、解析（包括单点分析、多点分析和全点分析）和概括活动，并由此形成对词意、句意、层意、类意和文意的理解。

在词意、句意、层意、类意和文意理解的过程中，类意是非常重要的一环。在阅读《大鼻子的故事》一文的过程中，如果没有“大鼻子”前后行为和心理的呼应和对比，以及对这些信息点的聚合成类和意义分析，我们很难理清和把握他的变化：从一开始以为游行队伍是“出丧”队伍，到纯粹出于凑热闹走进游行队伍，再到因为朴素的是非观念开始认同游行队伍，最后因为对好人的信任和革命氛围的鼓舞，开始注入革命热情，真正加入游行队伍。

需要注意的是，对文本内容五个层级的理解完成后，包括评价、推断和运用在内的相关阅读拓展活动还在继续，与之相应地，还可以开展评价、推断和运用相关测评活动。

阅读活动中的内容理解指标体系是由从语意到文意的、承载不同层次理解结果的五层进阶指标和基于阅读活动开展和推进的、呈现理解的过程及其阶段性成果的全过程活动方式六层进阶指标共同构成的。

总体上说来，文意理解指标主要包括以下测评标准：

（一）有序进行六大进阶的内容理解阅读活动，取得准确的阶段性成果，其中准确概括和准确评价两大进阶是测评重点。

（二）基于词意和句意理解对不同段落、不同层次和不同类别作出准确的切分。

（三）能够基于文意的整体性和语意的关联性对不同段落的段意、不同层次的层意和不同类别的类意作出准确的概括。

（四）能够在上下文中对不同层次、不同类型之间的语意关联作出准确的分析和具体的阐释。

（五）能够对文意进行全面的、准确的概括。

本章选用文本多为文学性文本，之所以如此，是因为文学性文本的语意更加丰富、更加灵活。如果阅读对象是信息性文本，指向文本内容要素中六个层级意义理解结果的指标体系，指向包括梳理和解析、概括和评价、推断和运用在内的阅读活动过程指标体系，均适用和有效，所不同的是，在类意理解这一层级，类的关联点会因为文体不同而带来的内容具体要素不同而有所不同，例如小说和剧本有人物、情节和环境，诗歌有意象、意境和情感，散文有多个材料，论述类文本则有论点（概念和判断）和分论点、论据和论证（推理）等。

最后，文本的内容是一个整体，构成文本内容的各级语言单位相互依存、相互影响，限定或者生发了各级语言单位的意义。文意的整体性和语意的关联性是我们建构指标体系和落实测评标准的共同前提。文本内容解读必然有一个从词意、句意、层意、类意到整体文意的解读过程，这是一个在阅读活动过程中，也就是在理解的过程中实现的理解的结果，这个阅读活动过程，也就是在理解的过程的实质是一个认知过程，其间伴随着复杂的思维活动，所以有效的阅读活动过程也是一个思维训练和思维品质提升的过程，在阅读中学会阅读、在思考中学会思考，这是阅读素养提升的必由之途，也是优秀读者养成的底层逻辑。

第三章

阅读活动之主旨探究

文本“主旨”回答作者为什么写这个文本的问题。作者是文本的创造者，他们调遣所积累的语言材料，按照语言运用的规则，运用语言运用的技巧，通过对材料（文本内容）的选择和使用，在对材料的先后安排和详略处理中建构一个文本，其目的是表达某种意义。作者要表达的意义就是文本的“主旨”。

首先要明确的是，并非所有的文本都有深藏不露的主旨。对于信息性文本中的实用类文本来说，作者写作的目的或者说要表达的意义只是分享经验和认知、呈现事实和真相，而这些，作者已经用文字作了显性的表达，它们就是文本的“内容”；对于信息性文本中的论述类文本来说，作者写作的目的或者说要表达的意义就是说服他人，作者通过论证自己观点的正确性、别人观点的不正确或者不够正确，来说服他人认同、信服自己的观点，作者持有的观点和“摆事实讲道理”的论证过程一样，往往旗帜鲜明地用文字表达出来，成为文本的“内容”。可以说，信息性文本的写作意图就是分享那些可见的文字信息，没有隐藏在文字高处、深处、远处的，不可见的写作意图需要我们去探究。

有深藏不露的主旨等待读者去探究的文本往往是文学性文本。当然，在文学性文本中，也存在“主旨”以“内容”的方式呈现的情况，作者有些时候也会直接在文本中通过文字信息阐明其写作意图，这种阐明，有时候通过叙述，有时候通过抒情和议论的表达方式来呈现。而我们要“探究”的文本“主旨”，根据“探究”一词的语意，便是指对文学性文本隐藏在文字高处、深处、远处的，不可见的写作意图的探寻、透析和研究。

“探究”一词中的“探”本意为摸取，引申为寻求，针对的都是不可见的对象；“究”在《说文解字》中的注释为：“究，穷也。从穴、九声。”其本义为推求、追查，引申为“极，到底”；综合起来，“探究”之意便是对不可见的对象进行深入到底的推求和追查。阅读活动中的文本“主旨”探究便是针对文本中那些没有通过文字承载、呈现出来的部分，如前所述，它们往往存在于文字的高处、深处、远处，等待读者尽可能深入地探寻、透析和研究。

除了“主旨”之外，有些文本的“内容”也没有全部呈现，作者刻意留下很多空白，甚至把它作为一种创作主张和艺术风格，比如海明威及其“冰山”理论。在2020年高考文本《越野滑雪》的考题中，就有一道用“冰山”理论切入、指涉文本“情节”这一小说内容要素的考题：海明威的“冰山”理论将文学作品同冰山类比，他说：“冰山在海面移动很庄严宏伟，这是因为它只有八分之一露在水面上。”本小说正是只描写了这露出水面的八分之一。请据此简要说明本小说的情节安排及其效果。如何答好这道题呢？显然，对于文本中“八分之一露在水面上”的可见信息，我们只需要按照内容理解的阅读活动过程，做好梳理和概括，概括的结果是：两人在山野滑雪和在客栈小憩；对于没有露出水面的八分之七的不可见信息，也就是文本留白的那些内容，我们只能依据可见的八分之一进行合理推求，如果作者没有通过文字“内容”告知，也没有提供可以推求得知的线索和细节，那就无从推求，只能让它保持空白状态。比如：尼克的身份？尼克和乔治的关系？乔治如何离开学校？……这些留白无疑会让人猜想、引人遐思，但并不见得能得出正确的答案。

文本中还有一类没有通过文字承载、呈现出来的部分，那就是人物的心理活动。写出来的心理活动成为显见的“内容”，没有写出来的心理活动同样是指涉文本“人物”这一小说内容要素的、需要探究的“内容”。近些年的高考中出现了很多这样的考题，如2017年《窗子以外》的“作者交替使用‘你’和‘我’两个不同的人称，其中蕴含着怎样的态度？请结合全文进行分析”，2018年Ⅱ卷《有声电影》的“请结合二姐等人看有声电影的经过，简要分析小说所揭示的市民面对新奇事物的具体心态”，Ⅲ卷《微纪元》的“请简要分析文中先行者的心理变化过程”，2019年Ⅲ卷《到梨花屯去》的“两个乘客为什么沉默？”，以及2020年Ⅱ卷《书匠》的“本文画线部分表达了老董怎样的心情？请结合本文简要分析”，2022年新高考卷《江上》的“舟行江上，子胥的思绪随着他在江上的所见所感而逐步生发展开。请结合文中相关部分简要分析”等等，都针对文本中没有写出来的人物的内心世界进行题目设计和“探究”能力考查。

那么，这些针对不可见的内容所进行的探究是否与主旨探究有关、属于本章主旨探究的范畴呢？笔者的回答是：有关，属于。因为文本是一个整体，前一章对词意、句意、层意、类意和文意的梳理和解析活动，都是基于文意的整体性和语意的关联性展开的。事实上，文本的整体性不仅表现在文意是一个整体上，也表现在内容和主旨的关系上，以及内容、主旨和下一章要讨论的“形式”的关系上，如前所述，作者调遣语料，运用材料，都是为了意义表达的需要。因此，针对文本内容的探究与对文本主旨的探究必然有着千丝万缕的关系，只是本章所讨论的“探究”，都是指向不可见的文本“主旨”的发掘和归纳的。事实上，对一个文本的阅读，单单完成可见的内容信息的理解并不是终点，只有发掘出作者的写作意图，才真正把握了文本的意义。

文本“主旨”的发掘和归纳需要先确立一个认知前提，那就是：所有的文学都是人学，所有文学性文本的“主旨”都指向文本“内容”中“人是怎么样的？世界是怎么样的？人与世界的关系是怎么样的？文化是怎么样的？”与理想状态中的“人应该是怎么样的？世界应该是怎么样的？人与世界的关系应该是怎么样的？文化应该是怎么样的？”之间的关系，因此，我们把“主旨”探究阅读素养文本维度的指标确立为“人的状况”和“文化的状况”，其中“人的状况”又分为“境遇”“态度”和“行为”，“文化的状况”又分为“个体”“关系”和“整体”。

由此，我们可以得出结论：对文本“主旨”的探究，是以对文本“内容”的理解为基础，通过对文本中不可见要素的探寻、透析和研究，最终得出文本意义、回答作者为什么写这个文本这一问题，并且按照认知前提对这一意义的价值进行评价，把这一意义作为思想资源在情境中加以运用的阅读活动过程。探寻、透析、研究、评价和情境运用是“主旨”探究阅读素养活动维度的五大指标，这是一个研究性阅读即研读的阅读活动过程。综合起来，文本主旨探究三级测评指标体系如下表所示：

文本主旨探究三级测评指标体系表

<table>
<tr><td colspan="7">三级指标</td></tr>
<tr><td colspan="2" rowspan="3">文体表征</td><td colspan="5">阅读活动</td></tr>
<tr><td colspan="3">主旨探究</td><td rowspan="2">评价</td><td rowspan="2">情境运用</td></tr>
<tr><td>探寻
（是什么）</td><td>透析
（为什么）</td><td>研究
（怎么样）</td></tr>
<tr><td rowspan="3">人的状况</td><td>境遇</td><td></td><td></td><td></td><td></td><td></td></tr>
<tr><td>态度</td><td></td><td></td><td></td><td></td><td></td></tr>
<tr><td>行为</td><td></td><td></td><td></td><td></td><td></td></tr>
<tr><td rowspan="3">文化的状况</td><td>个体</td><td></td><td></td><td></td><td></td><td></td></tr>
<tr><td>关系</td><td></td><td></td><td></td><td></td><td></td></tr>
<tr><td>整体</td><td></td><td></td><td></td><td></td><td></td></tr>
</table>

在对文本“主旨”进行探究的阅读活动过程开始之前，我们还需要确立一个认知前提，那就是理想状态中的、应然的“人”和“文化”是怎么

样的。简而言之，对于“人”来说，应该是生物性维度、社会性维度和精神性维度的生命都得到尽可能充分的发展，无论处于什么样的“境遇”，都坚持对真善美的追求，追求真知、真情、真理，热爱生活，但却不采取物质主义的、功利主义的、利己主义的、现实主义的生活态度。要物质不要精神的物质主义和功利主义，以一己私利的谋求为核心、利己而不利他（这里的“他”，主要指社会中的其他人，也包含自然中的其他物种）的利己主义，仅仅活在当下时空而看不到其他时空、不追求理想信念的现实主义，是现实世界中大多数人的生活态度，而经典作家和经典文学作品就是要通过艺术创作，传达超越性的人生态度，从而引导人们追求理想的人性，并且创造美好的文化。对于“文化”来说，同样应该是坚持对真善美的追求，其表现是：鼓励和支持人们追求真知、真情、真理，让个体生命在物质不匮乏、身体欲望不被压抑的情况下获得精神的丰富和自由；力求在人与人之间、人与自然之间建立平等关系，在没办法平等的情况下，应该消除隔膜、彼此关爱，而不是趋炎附势、欺下媚上；整体文化氛围上应该积极向上，追求理想，团结协作，不断奋斗和创造，而不是沉溺和满足于现状。如下表所示：

全面发展的人	生物性维度	身体需求不受压抑，物质需要得到满足
	社会性维度	得到他人的关爱，也能够关爱他人
	精神性维度	超越有限的当下，有更高远的视野和格局，执着追求真善美
美好的文化	助力于全面发展的人的实现，引导全面发展的人的养成	

因为好的文学作品在主旨上具有超越性，读者在探究其主旨时就应该努力摆脱功利性的立场和态度。下面以高中生读者对《报复》一文的主旨探究结果为例进行阐述。

报 复

【法】雨果·克里兹

写字台上的台灯只照亮书房的一角。彭恩刚从剧场回来，他坐到写字台前，伸手拿起电话要通了编辑部："我是彭恩，你好！我又考虑了一下，关于《蛙女》的剧评，最好还是发下午版，因为我想把它展开一些……别提啦！太不像话了！所以我才打算写一篇详细的剧评。上午版你只要留出个小方块刊登一则简讯就行了。你记下来吧：'奥林匹亚剧院：《蛙女》上演，一锅可笑的大杂烩：一堆无聊的废话和歇斯底里的无病呻吟。看了简直要让你发疯。详情请见本报下午版'。你是不是觉得我的措词还不够激烈？这样就行？那好，再见！"

从他放下话筒的动作可以看出，彭恩的情绪越来越愤慨。可就在这时，他猛然一惊，附近有人轻轻地咳嗽了一声。在光线最暗的角落里，他模模糊糊地看见有个人坐在皮沙发里。陌生人蓄着白胡须，身披风衣，头上歪戴一顶礼帽，闪亮的眼睛逼视着评论家。彭恩心里发虚："你，你……你是谁？"

陌生人慢慢站起来，从衣兜里伸出右手。彭恩看见一支闪闪发亮的手枪。"把手举起来！"那人命令道，彭恩两手发抖。

"嘻嘻嘻……"那人像精神病人一样笑着，"你这条毒蛇，现在总算落到了我的手里。再有5分钟就是午夜。12点整，嘻嘻嘻……你将变成一具尸体。文亚明，我的宝贝，"白胡子老头扬起头，"我亲爱的文亚明，5分钟后你将报仇雪恨。这条毒蛇将永远闭上它的嘴！啊，你高兴吗，文亚明？！"说着白胡子老头立刻举起手枪：

“别动！”

“听我说，”彭恩战战兢兢道，“请告诉我，你究竟是谁？……我不明白……我对你干了什么？……求你把手枪收起来吧。我们之间肯定有一场误会。”

“给我住嘴，你这个杀人凶手！”

“杀人凶手？你弄错了。我不是杀人凶手！”

“那么请问是谁杀死了我的孩子，我唯一的儿子，亲爱的文亚明？谁呢，彭恩先生？”

“我根本不认识你的儿子！你怎么会生出这种想法？”

“我的儿子叫……文亚明·穆勒！现在你明白了吧？”

“文亚明·穆勒……我记得，好像是个演员吧？”

“曾经是！因为他已经死了，他对着自己的头开了一枪。而正是你这个无耻的小人毁了他！你在文章里写过他。‘为助诸君一笑，还有一位文亚明·穆勒先生值得提及，因为他的表演，真可堪称全世界最蹩脚的演员。’你竟敢这样写我的儿子！而他，可怜的孩子，去买了一支手枪，自杀了。就是这支手枪，过一会儿将把你送到西天！”

彭恩禁不住浑身乱颤：“听我说，这并不能怪我……我感到很遗憾……可我只是尽自己的职责而已。你的儿子真的缺乏才华……你明白吗？我本人跟你的儿子并没有仇，可是艺术……”

“你别再胡诌关于艺术的废话了！你是杀人犯！因此你得死！昨天夜里，”老头压低嗓门，“文亚明出现在我的梦里。他对我说：‘爸爸，拿上手枪去找那毒蛇。午夜12点的时候，杀了他替我报仇！否则，我的灵魂将永远四处漂流，不得安身！”

“可你不能杀我……看在上帝面上……你简直疯了！……”

老头大声地嘲笑道："真叫人恶心，你是全世界首屈一指的胆小鬼！一条罪恶深重的蛆虫，半文不值的小人！你那自命不凡的优越感哪里去了？你那体面威风哪里去了？现在你已面对死神，没有了你，人人都会如释重负。"

彭恩双手合十，央求道："亲爱的先生，如果你一定要杀我，至少让我能最后给我的亲人写几句诀别的话……并表明我的遗愿。"

"行，我成全你！"陌生人宽宏大量地答应，"写吧，你还可以活15秒钟！"彭恩拿起铅笔，在纸片上写了两三行字……

午夜的钟声响了。

老头怪叫一声，举起手枪抠动扳机。

硝烟散后，陌生人扯下自己的胡子，走近彭恩。

"先生，现在你对文亚明·穆勒的表演才华有了新的看法吧，对不对？看你那个熊样！哈哈……！我想，今后你在评论别人的时候该会学得谨慎一些了！"

看着手里拿着铅笔，满脸蜡黄的彭恩，文亚明伸手拿过那张纸条。只见上面写道：

"亲爱的文亚明·穆勒，你不仅是全世界最蹩脚的演员，而且是头号傻瓜。你戴的假发套大了一号。彭恩。"

关于此文的主旨，有高中生读者给出的答案是：说话一定要谨慎，以免惹祸上身；或者与之相类似的"做人留一线，日后好相见"。这显然是功利主义价值取向引导下获得的一种阅读体会。实际上，是否具备妥善处理人与人关系的"情商"确实是一个人能否取得世俗意义上的成功的前提，为此，很多人可以放弃对真知、真情和真理的追求。试问文中作为剧评家的彭恩专业能力如何？答案显然是肯定的，媒体登载他的剧评从侧面证明了这一点，文中一个微不足道的细节（假发套）看出文亚明·穆勒的真实身份从正面证明了这一点。文中剧评家彭恩对演员文亚明·穆勒的评价是否准确？答案显然是肯定的，文中最后的情节反转巧妙而又真切地指向了文亚明·穆勒作为演员的蹩脚，与之相对的是，彭恩虽然不是演员，但其表演却比演员文亚明·穆勒高明得多，至少彭恩从头到尾知道是文亚明·穆勒在表演，而文亚明·穆勒对彭恩的表演却毫无察觉。由此可见，彭恩对文亚明·穆勒表演才华的判断是准确的、专业的。再问作为一个剧评家，彭恩应不应该说真话？答案显然也应该是肯定的，因为受众需要专业的指导，因为艺术需要专业的发展，因为求真务实理应成为社会的风尚。当然，彭恩的措辞是激烈的、评价是犀利的，但与说真话相比，这只是个人话语风格问题，与该不该给出真实、专业的意见这一根本性、原则性问题相比，这是次要的问题。正如文中彭恩自己所说的："听我说，这并不能怪我……我感到很遗憾……可我只是尽自己的职责而已。"说真话是每一位专业人士的职责所在。一个与之相关的问题是：彭恩采用这样的话语风格是哗众取宠还是捍卫艺术？答案应该是后者，除了他表明心迹的这句话之外，文本开篇处的"从他放下话筒的动作可以看出，彭恩的情绪越来越愤慨"一句也证明了这一点，他是一个真正为艺术而激动的专业人士。最后一个问题，彭恩说真话会怎么样？答案是给自己招来了祸患或者麻烦。是的，说否定性的真话往往会得罪人，而与之相反的是，如果愿意说好话，哪怕虚假的好话，其结果会是一团和气、皆大欢喜，而好的人际关系当然更容易带来私利上的满足、世俗意义上的成功。

但艺术的专业性呢？文中彭恩说得好："你的儿子真的缺乏才华……你明白吗？我本人跟你的儿子并没有仇，可是艺术……"是的，有一些价值是公共性的，应该高于每一个个人的利益。

《报复》一文有很强的现实针对性，在现实社会生活各领域，虚假的逢迎者得利、真实的批评者失意是非常普遍的现象，这也是各领域专业性不足的一大原因。而读者面对一个文本，必须建构起一种超越物质指向精神、超越个体指向公共、超越当下指向过去和未来的立场和态度，才能准确地探究出文本的主旨。

总之，文学是人学，文学引导人们追求理想的人性和创造理想的文化，这两个基本认知是我们探究文学性文本的“主旨”的前提，对于我们认识我们身处的现实和文学的意义也十分重要。一个文学性文本，其主旨对人的境遇的呈现、对人性的挖掘和透视、对文化的反思越是深刻，就越有价值。

一、人的状况

根据这一指标体系，我们对第二章所引文本《鸟儿中的理想主义》进行“主旨”探究如下：

鸟儿的境遇：“囚入笼中”。

（人的境遇：可能会遭遇各种灾难和厄运，陷入困境。）

鸟儿的态度：“接受现实”/“对生命的看法很狭隘”“只求速死”/“不放弃”三种。

（人应有的态度：不放弃，因为“天空的辽阔与否，是由你自己造就的”，“在灾难和厄运中你是否放弃，那完全是你自己的事情”。）

鸟儿的行为：

第一种：梳理羽毛、交颈而眠、婉转歌唱；

第二种：漠然置之、死去；

第三种：持续扑翼、练飞。

（人应有的行为：坚持练习，因为我们无法改变世界，但可以坚持做自己。）

《鸟儿中的理想主义》一文“主旨”较多地指向理想人性，世界（这里的世界更多地指向命运，而非文化）是不确定的，是多变的，面对充满不确定性的世界，在人与世界的关系中、在应对世界的变化时，人应该坚持做自己，自主决定自己的生活方式，决不放弃，活出生命的尊严。

那么，《鸟儿中的理想主义》一文“主旨”有没有涉及“文化的状况”呢？答案是：有。文中针对三种鸟儿的数量词“大都”“一些”“一只”暗含着文化的状况，也就是说，能够坚持做自己的人是非常稀少的，唯其稀少所以可贵，因为这是一种理想主义的精神和行为，是作者认同的并且“一直怀有敬意”的人性的理想状态，但因其稀少，这种精神和行为、这种鸟儿所以可能被嘲笑、被排斥，因为在文化中他们是另类，而文化的世界往往也保有生物世界的特征：大多数往往对极少数怀有恶意。不过，这一部分暗含的“主旨”作者没有展开，没有强化。

类似的“主旨”在文学性文本中多有出现，比如下面的这一篇《一只特立独行的猪》：

一只特立独行的猪

王小波

插队的时候，我喂过猪，也放过牛。假如没有人来管，这两种动物也完全知道该怎样生活。它们会自由自在地闲逛，饥则食渴则饮，春天来临时还要谈谈爱情；这样一来，它们的生活层次很低，完全乏善可陈。人来了以后，给它们的生活做出了安排：每一头牛和每一口猪的生活都有了主题。就它们中的大多数而言，这种生活主题是很悲惨的：前者的主题是干活，后者的主题是长肉。我不认为这有什么可抱怨的，因为我当时的生活也不见得丰富了多少，除了八个样板戏，也没有什么消遣。有极少数的猪和牛，它们的生活另有安排。以猪为例，种猪和母猪除了吃，还有别的事可干。就我所见，它们对这些安排也不大喜欢。种猪的任务是交配，换言之，我们的政策准许它当个花花公子。但是疲惫的种猪往往摆出一种肉猪（肉猪是阉过的）才有的正人君子架势，死活不肯跳到母猪背上去。母猪的任务是生崽儿，但有些母猪却要把猪崽儿吃掉。总的来说，人的安排使猪痛苦不堪。但它们还是接受了：猪总是猪啊。（注意多次出现的一个词语："安排"，还有"生活""主题""任务"，以及"没有人"和"人来了"、"它们的生活"和"我当时的生活"的比较。虽然有没有人安排其实都一样，但是过被安排的生活，带着被安排的主题和任务生活是"它们"也是"我"的境遇，这是一种不能自主的、没有趣味的生活；面对这一境遇，它们的态度是"不喜欢"，它们的行为选择是"接受"。）

对生活做种种设置是人特有的品性。不光是设置动物，也设置自己。我们知道，在古希腊有个斯巴达，那里的生活被设置得了无生趣，其目的就是要使男人成为亡命战士，使女人成为生育机器，前者像些斗鸡，后者像些母猪。这两类动物是很特别的，但我以为，它们肯定不喜欢自己的生活。但不喜欢又能怎么样？人也好，动物也罢，都很难改变自己的命运。（注意这里多次出现的一个词语："设置"，与前一段呼应，这是文化的特征，这是人和动物共同的"命运"；它们的态度是"不喜欢"，它们的行为选择是"无奈地'接受'"。）

以下谈到的一只猪有些与众不同。我喂猪时，它已经有四五岁了，从名分上说，它是肉猪，但长得又黑又瘦，两眼炯炯有光。这家伙像山羊一样敏捷，一米高的猪栏一跳就过；它还能跳上猪圈的房顶，这一点又像是猫——所以它总是到处游逛，根本就不在圈里“呆”着。所有喂过猪的知青都把它当宠儿来对待，它也是我的宠儿——因为它只对知青好，容许他们走到三米之内，要是别的人，它早就跑了。它是公的，原本该阉掉。不过你去试试看，哪怕你把阉猪刀藏在身后，它也能嗅出来，朝你瞪大眼睛，噢噢地吼起来。我总是用细米糠熬的粥喂它，等它吃够了以后，才把糠兑到野草里喂别的猪。其他猪看了嫉妒，一起嚷起来。这时候整个猪场一片鬼哭狼嚎，但我和它都不在乎。吃饱了以后，它就跳上房顶去晒太阳，或者模仿各种声音。它会学汽车响、拖拉机响，学得都很像；有时整天不见踪影，我估计它到附近的村寨里找母猪去了。我们这里也有母猪，都关在圈里，被过度的生育搞得走了形，又脏又臭，它对它们不感兴趣；村寨里的母猪好看一些。它有很多精彩的事迹，但我喂猪的时间短，知道得有限，索性就不写了。总而言之，所有喂过猪的知青都喜欢它，喜欢它特立独行的派头儿，还说它活得潇洒。但老乡们就不这么浪漫，他们说，这猪不正经。领导则痛恨它，这一点以后还要谈到。我对它则不只是喜欢——我尊敬它，常常不顾自己虚长十几岁这一现实，把它叫做“猪兄”。如前所述，这位猪兄会模仿各种声音。我想它也学过人说话，但没有学会——假如学会了，我们就可以做倾心之谈。但这不能怪它。人和猪的音色差得太远了。（注意：这只猪的种种特立独行表现是相互呼应的信息点，是肉猪偏偏长得黑瘦、根本就不在圈里“呆”着，这是猪不服从“安排”和“设置”的自主；善跳和模仿各种声音，这是猪的有趣。与前文中的不得自主、没有趣味相呼应。）（注意知青、老乡、领导和我对这只猪的不同态度这一相互呼应和形成比较的信息点，分析其中包含的原因。）

后来，猪兄学会了汽笛叫，这个本领给它招来了麻烦。我们那里有座糖厂，中午要鸣一次汽笛，让工人换班。我们队下地干活时，听见这次汽笛响就收工回来。我的猪兄每天上午十点钟总要跳到房上学汽笛，地里的人听见它叫就回来——这可比糖厂鸣笛早了一个半小时。坦白地说，这不能全怪猪兄，它毕竟不是锅炉，叫起来和汽笛还有些区别，但老乡们却硬说听不出来。领导上因此开了一个会，把它定成了破坏春耕的坏分子，要对它采取专政手段——会议的精神我已经知道了，但我不为它担忧——因为假如专政是指绳索和杀猪刀的话，那是一点门都没有的。以前的领导也不是没试过，一百人也捉不住它。狗也没用：猪兄跑起来像颗鱼雷，能把狗撞出一丈开外。谁知这回是动了真格的，指导员带了二十几个人，手拿五四式手枪；副指导员带了十几人，手持看青的火枪，分两路在猪场外的空地上兜捕它。这就使我陷入了内心的矛盾：按我和它的交情，我该舞起两把杀猪刀冲出去，和它并肩战斗，但我又觉得这样做太过惊世骇俗——它毕竟是只猪啊；还有一个理由，我不敢对抗领导，我怀疑这才是问题之所在。总之，我在一边看着。猪兄的镇定使我佩服之极：它很冷静地躲在手枪和火枪的连线之内，任凭人喊狗咬，不离那条线。这样，拿手枪的人开火就会把拿火枪的打死，反之亦然；两头同时开火，两头都会被打死。至于它，因为目标小，多半没事。就这样连兜了几个圈子，它找到了一个空子，一头撞出去了；跑得潇洒之极。以后我在甘蔗地里还见过它一次，它长出了獠牙，还认识我，但已不容我走近了。这种冷淡使我痛心，但我也赞成它对心怀叵测的人保持距离。（注意多次出现的一个词语“领导”，注意探究人猪之战的真实原因。注意与前文相同的“潇洒”一词及其近义表达，分析其中所包含的知青的情感态度和生活追求。）

我已经四十岁了，除了这只猪，还没见过谁敢于如此无视对生活的设置。相反，我倒见过很多想要设置别人生活的人，还有对被设置的生活安之若素的人。因为这个原故，我一直怀念这只特立独行的猪。（注意本段三类人的对举：“想要设置别人生活的人”“对被设置的生活安之若素的人”“敢于如此无视对生活的设置”的人。注意“怀念”和前文中“尊敬”之间的呼应关系。）

比较上述两个文本，会发现《鸟儿中的理想主义》一文中的第三种鸟和《一只特立独行的猪》文中的这只猪有共同的特点——坚持做自己（在动物中和在人群中一样极少、罕有），而两位作者对两种动物的态度也相同：“敬意”“尊敬”。后文比前文多了对“文化的状况”的关注和书写，因为前文中鸟儿的境遇是命运带来的，而后文中猪的境遇是文化造就的。后文中频繁出现的“安排”和“设置”二词极大地突出了文化的不合理、文化对人性的压抑，而领导对这只猪的痛恨和老乡对这只猪的评价表明不合理的文化却已经被大多数人认同和遵循，作者通过对这种合理化的极度不合理的揭示让本文的“主旨”十分深刻。

当然，无论鸟儿还是猪，象征着的都是人，作者要表达的都是对人的关注、对人应该怎么生活的主张。

两个文本中的鸟儿和猪启示我们：人要永不放弃地做自己，不管环境如何变化，不管世界如何对待自己，都要执着地坚持。

毋庸置疑，人的本质属性是社会属性，作为人，还有一种必要的坚持指向社会性的存在，那就是对职业、事业的坚守。前一章所引文本《水在滴》和《我们的裁缝店》就表达了这样的“主旨”。

《水在滴》选取一位捞纸师傅的午间生活和午后劳作，通过捞纸房的水声和师傅的心理活动表现传统匠人的坚守和忧思。文中的徐师傅在“年轻人都不学这个了”，“村里大多数人”都“出去挣钱了，再也不碰纸了”的情况下，坚持好好做自己的活计，在艰辛而又令人心安的劳作和创造中，“世界又回到了他喜欢的样子”。

《我们的裁缝店》写了三个游牧民族女性来我们的裁缝店做衣服的故事。文中的“我”虽然感觉“干裁缝真的很辛苦”，但却对干裁缝饱含深情：“那么多事情，一针一线的，不是说拆就能拆得掉。”在对生活的独特体验和深入思考中，坚持自己的选择：“当我再一次把一股线平稳准确地穿进一个针孔，总会在一刹那想通很多事情。”同时，“我”也好，游牧民族的女人们也好，都在贫瘠的生活中坚持着对美的追求和创造。

这种对美的追求，前一章所引文本《那个男孩是我》做了深刻的书写，《那个男孩是我》写了“我”和白毛女的故事，其间夹杂着特定时代背景下的人物遭际和人物关系，正是在美的消逝和“我”的伤逝中，作者寄托了深刻的对美的热爱和追求。在客居中，在卧病中，音乐、舞蹈、白毛女和栀子花共同建构起来的美，改变了“我”的性格，安抚了“我”的精神，遗憾的是，表姐破坏了“我”对白毛女怀有的朦胧而又美好的感情，特定时代的潮水让白毛女消逝在“我”的生命中，而这一切，都是荒诞时代不合理的文化造成的，它不仅催生了恶，而且还摧毁了美，甚至还试图摧毁人们对美的热爱、追求和创造。

《那个男孩是我》把人性对美的向往写了出来，也把文化对美的破坏、对人性的压抑写了出来。在这种境遇中，人应该怎么办呢？文本没有提供答案。实际上，也有一些文学性文本，只是把人生存的这种境遇、把文化的这种荒诞揭示出来，从而引发和启迪读者的思考。比如《越野滑雪》。

关于《越野滑雪》的主旨，高考试题以客观题的方式进行了测评，该选项为：

D．小说主旨与《老人与海》较为接近，都是通过描写人挑战大自然或者投身不甘平庸的冒险生活，来塑造海明威式的“硬汉”形象。

这一表述是错误表达，因为《越野滑雪》中的尼克和乔治虽然热爱滑雪运动，但却并未“挑战大自然”和“冒险”，更算不上海明威式的“硬汉”。海明威式的“硬汉”具有一种百折不挠、坚强不屈的性格，面对暴力和死亡，面对不可改变的命运，都表现出一种从容、镇定的意志力，保持人的尊严和勇气，而尼克和乔治并没有表现出这样的性格特点，也并没有面对特殊的境遇。那么，这个文本的主旨究竟是什么呢？需要我们深入探究才能获得。下面我们尝试进行探究。

该题还有一个选项为：

B．小说的多个细节描写突出了客栈的破败和黯淡，与白雪皑皑的山间峡谷形成鲜明对比，小说氛围由此发生变化，情节也由此发生转折。

根据参考答案，这一表述被命题者视为正确表述。其实不然，首先，尼克和乔治滑雪不只在“山间峡谷”，还有雪坡、松林和雪地；而根据前一章中我们对相互呼应的信息所做的提取和解析，就会发现，这四个地方都不适合滑雪，由此我们可以得出结论：“客栈的破败和黯淡”没有与山间峡谷形成对比关系，而是呈现相互呼应的关系，从而共同指向尼克和乔治心心念念的“好地方”。不好的地方是他们所处的现实，好地方是他们心中的愿景、梦想、到不了的诗意和远方——而这，就是人类永恒的境遇。

综上，“人的状况”是阅读活动“主旨”探究最重要的指标。“人的境遇怎样？人应该怎样生活？”是文学性文本永恒的主题。读者在阅读活动中，通过探寻、透析和研究，找到作者寄寓在人物形象、故事情节以及其他种种文本内容要素中的对“人的状况”的思考和主张，是这一指标所要求于读者的。

二、文化的状况

实际上，文化是人所创造、所处身的环境。人自己创造了文化，用文化来显示人的力量和人性的光辉，但是并非所有的文化创造和文化环境都符合人性，都鼓励人性中真善美的精神追求。相反，因为人的利己之心，因为人群中的强者总想攫取更多的资源，文化中便出现了很多不合理的地方。在某种程度上，人性一半是天使一半是魔鬼，文化是鼓励和奖赏人性中天使的一面还是魔鬼的一面就显得极其重要。好的文学家往往对此有更多的敏感、更真的洞察、更深的体认，于是通过他们的创作揭批文化的病症，建构文化的理想，好的文学性文本便承载着“文化的状况”这一主旨指标。

前述《鸟儿中的理想主义》《一只特立独行的猪》《水在滴》《我们的裁缝店》《那个男孩是我》《越野滑雪》六个文本，主旨更多地指向“人的状况”，但其中仍然包含“文化的状况”，其中《我们的裁缝店》生动地展现了游牧民族物质生活的贫瘠，虽然人们乐观向上，热爱、追求和创造着美，但这种社会状况显然是不合理的；《水在滴》提供了追逐利益的现代文化如何在瓦解传统的同时粉碎人性中那些可贵的品质的文学样例，把文化应该如何对待传统的问题也提了出来；《一只特立独行的猪》深刻地揭示了文化对人的压制；《那个男孩是我》让人看到文化对美的摧毁、对恶的鼓励。

如果说以上文本中的“文化的状况”较多地指向“个体”生命状态维度，那么，前章所引文本《窗子以外》和《老王》则明显地指向人与人之间的“关系”维度。《窗子以外》写了被有形的窗子隔开的“我”和“四个乡下人”，“我”和有限的景物、和普通人的活动，被无形的窗子隔开的“时髦的学者”和“事物人情”，指向作者对自己、对包含“我”在内的学者行为举止和观念态度的反思和批判，并通过个体的自觉表达出因社会不平等造成的不同社会阶层之间的阻隔。《老王》写了作为专家学者的“我”和作为底层车夫的老王之间的交往过程，两人之间超越阶层差异、没有世俗物质功利考虑的彼此关爱和同情彰显了双向奔赴的人性的光辉，但在“幸运的人”对“不幸者”的愧怍中包含着的其实是对不平等社会的忧虑。不少人把《老王》一文的主旨确定为杨绛对底层老百姓的关爱和同情，这样的单视角判断显然也是受到阶层社会的影响，看不到底层社会“人”的自主性和“人”的力量。

“文化的状况”指标中的“关系”维度不仅仅指向人与人之间的关系，也包括对国家与国家、民族与民族，甚至文化与自然之间关系的思考，文本藉此引导读者思考不同文化应该如何对待彼此、文化应该如何对待自然等大问题。

前章所引文本《石门阵》《大鼻子的故事》就以一个国家对另一个国家的侵略战争为背景，既揭示了人性和文化中的贪婪和残暴，也涉及面对战争和战争带来的破坏这一悲惨境遇，“人”应该怎样面对的问题。《石门阵》写的是王木匠向大家讲述部队和农民抗敌的故事，在革命浪漫主义的激情中怀想“夜不闭户的时代”，在现实的严峻中向往理想的美好；《大鼻子的故事》写了一·二八事变受害者、孤儿“大鼻子”与抗议一·二八事变游行队伍的交集过程，这也是他的认知变化过程和人性成长过程，其中承载着反侵略、求解放的民族理想和政治诉求。

在前章所引文本中，《九十九度中》是一篇典型的社会批判小说，把文化中存在的种种问题巧妙地包蕴在文学形象之中，其主旨指向时代文化的整体状况。作者选择暑热天这样一个典型环境，截取几个生活剖面，揭示出时代文化的种种不合理之处：人生不能自主、生活多灾多难、礼数的虚假和伪善、“幸运的人”与“不幸者”之间的隔膜和冷漠等，在对现实社会的批判中暗含对美好社会的祈望。

愚昧是人性的弊端，也是文化的鄙陋之处。早在中国新文学的开端之处，鲁迅先生就用他的创作深刻地揭示了国民性的种种弊端和旧文化的种种鄙陋，即使是回忆旧时生活的散文集《朝花夕拾》，我们也能看到先生对以“隐鼠”为代表的世间一切弱小生命的同情，对自然、真实、活泼的人类天性的喜爱，对真诚、友善的人类世界的向往；反之，则是对以“猫”为代表的凌下媚上的“上等人”的厌恶，对违背人性的繁缛礼节、古怪禁忌、虚假孝道、荒谬医学的痛恨，对压抑人、戕害人甚至“吃人”的礼教文化的批判。显然，催生和维系旧文化的，正是愚昧。

下面的小说作品为毕飞宇的《地球上的王家庄》，作者把其主旨定位于对愚昧这一人性弊端和文化陋端的揭批，但同样需要我们深入探究才能获得。

地球上的王家庄

毕飞宇

队长把八十六只鸭子统统交给了我。每天天一亮我就要去放鸭子。我把八十六只鸭子赶到河里，再沿河赶到乌金荡。乌金荡是鸭子们的天堂。鸭子们一到乌金荡就迫不及待了，它们屁股对着天，脖子伸得很长，全力以赴，在水的下面狼吞虎咽，那里有数不清的草虾、罗汉鱼。为什么鸭子要长一只长长的脖子？原因就在这里。鱼就没有脖子，螃蟹没有，虾也没有。水底下的动物没有一样用得着脖子，张着嘴就可以了。水下的世界是一个饭来张口的世界。

乌金荡也是我的天堂。我划着一条小舢板，滑行在水面上。无聊的时候我会像鸭子一样，一个猛子扎到水的下面去，睁开眼睛，在水韭菜的中间鱼翔浅底。当我停留于水面上的时候，我觉得我漂浮在遥不可及的高空。

我八周岁。按理说我应当坐在教室里，听老师们讲刘胡兰的故事、雷锋的故事。可是我不能。我们公社有规定，孩子们十岁上学，十五岁毕业，一毕业就是一个壮劳力。

那些日子父亲突然迷上宇宙了。夜深人静的时候，他喜欢黑咕隆咚地和那些远方的星星们呆在一起。父亲站在田埂上，一手拿着手电，一手拿着书，那本《宇宙里有些什么》是他前些日子从县城里带回来的。整个晚上父亲要么仰着他的脖子，独自面对星空；要么低下脑袋，打开手电，翻几页书。

父亲还带回一张《世界地图》。这张《世界地图》在王家庄闹起了相当大的动静。吃过晚饭之后，我家里挤满了人，一起看世界来了。王家庄的人们一直认为，世界是一个正方形的平面，以王家庄作为中心，朝着东南西北四个方向纵情延伸。地图证实了我们的基本认识：世界沿着“中国”这个中心辐射开去，宛如一个用擀面杖压扁了的面疙瘩，花花绿绿地向四周延伸，派生出七个大洲，四个大洋。

我们开始讨论：第一，世界上到底有几个王家庄？地图上连美帝、苏修[①]都有，为什么反而没有我们王家庄？王家庄所有的人都知道王家庄在哪儿，地图它凭什么忽视了我们？第二，王爱国说，是什么托起了我们？如果我们像挖井那样不停地往下挖，会挖到什么地方？如果托起我们的那个东西没有了，我们会掉到什么地方去？第三，如果我们出门，一直往前走，一定会走到世界的尽头，万一是夜里，一脚下去，我们肯定会掉进无底的深渊。我们掉下去之后，既不会被摔死，也不会被淹死，我们只能不停地坠落，一直坠落，永远坠落。

我们感受到了恐惧，无边的恐惧，无尽无止的恐惧。因为恐惧，我们紧紧地挨在一起。

王爱贫说，世界的尽头是海洋，并没有路，我们是不会走到那里去的。王爱贫言之有理，我们都松了一口气，同时心存感激。王爱国说，假如我们坐的是船呢？我们难道不会和船一起掉下去？我们又被甩进了无底的深渊。王爱贫笑了一笑，说："如果船掉下去了，那么请问，满世界的水都淌到了哪里？"我们看了看身后的鲤鱼河。水依然在河里。我们看到了希望，心安理得。

但是，我还是不放心，满世界的水怎么就没有淌走呢？我看着《世界地图》，设想，大西洋的边沿一旦决口了，海水会像天上的流星，手拉手地消失在无边的黑暗中。我们王家庄鲤鱼河的水也会奔涌而去。

我找到父亲。父亲站在田埂上，一手拿着书，一手拿着手电，仰着头。头上是满天的星光。我说："王家庄到底在哪里？"父亲说："我们在地球上。地球也是宇宙里的一颗星。"我仰起头，看不到地球在哪里闪烁。我急了，说："地球在哪里？"父亲说："地球是不能用眼睛去找的，要用你的脚。"我掉头就走，走到很远的地方，对着父亲的方向大骂了一声："都说你是神经病。"

我坐在小舢板上，八十六只鸭子围绕在我的四周，全力以赴地吃，全力以赴地喝。我有点恐惧。因为我在水里，我在船上。我非常担心乌金荡的水流动起来。我知道，水一旦流动起来，就会变成一条滑溜溜的黄鳝，怎么用力都抓不住它们。眨眼的工夫，它们就会远去，消失不见。

然而，危险在任何时候都是有诱惑力的。我陷入了无休无止的想象。我的思绪沿着乌金荡的水面风驰电掣，一直来到了大西洋。我看见了带鱼、海豚、乌贼、海鳗，它们在大西洋的深处很自得地沉浮。它们游弋在世界的边缘。世界的边沿挡住它们，它们往外冲，就会"当"的一下被反弹回去，就像教室里的麻雀被玻璃反弹回去一样。

我拿起竹篙，一把拍在了水面上。鸭子们吓得拼命地向前逃窜。我要带着我的鸭子，一起到世界的边缘走一走，看一看。我把鸭子赶出乌金荡，来到了大纵湖。大纵湖一望无际，我满怀激情，满怀斗志，但不久就彻底迷失了方向。我是第二天上午被两位社员用另外一条小舢板拖回来的。两位社员把我直接交给了队长。队长提起我的耳朵，把我拽到了大队部。大队书记在那儿，父亲也在那儿。父亲无比谦卑，正在给所有的人敬烟。

父亲厉声问我："鸭子呢？"我用力睁开眼，说："掉下去了。还在往下掉。"父亲一边叫我"神经病"，一边掴了我一个大嘴巴。我在倒地的同时就睡着了。

"神经病"从此成了我的名字。我非常高兴。它至少说明了一点，我八岁的那一年就和我的父亲平起平坐了。

（有删改）

①美帝指美国；苏修指苏联。

我们按照文本“主旨”探究的素养指标进行相关探究活动：

文本中“人的状况”：

人的境遇：处于无知和因为无知产生的恐惧之中。“我”按照公社的规定，不能上学，在乌金荡放鸭子。不能上学意味着不能获得知识，当然，即使是上学，也只能学习“刘胡兰的故事、雷锋的故事”，不足以开启智慧。因此，“我们的基本认识”是幼稚的，讨论内容是可笑的，“我们”因无知而“感受到了恐惧”。

人的态度：向往。父亲迷上宇宙，年轻人解读《世界地图》，表明他们探求未知世界的渴望，这是一种本能的对自身存在和世界奥秘的求知渴望与对生命终极和世界终极的深刻追问。

人的行为：父亲仰望星空，年轻人热烈讨论一些“可笑”的问题，“我”探索“世界的边缘”。

文本中“文化的状况”：

个体：服从“公社”的安排，没有自主决定自己生活的权利，没有追求真知的权利和通道；仰望星空的父亲和“无比谦卑”的父亲，表明世界对人的诱惑和文化对人的压抑。

关系：“我八岁的那一年就和我的父亲平起平坐了”，这里的“平起平坐”并非真正意义上的平等关系，而是想要追求真知、探索世界的愿望和举动在无知的人群中共同地有些突兀；父子二人分别叫对方“神经病”，表明想要探索世界的人同样深深地受到王家庄文化的洗礼。

整体：“王爱国”和“王爱贫”的名字——贫穷和爱国一样，成为时尚，这里的贫穷既指物质的贫穷，更指因无知和愚昧而带来的精神的贫困；父子二人被人称为“神经病”，无知的氛围笼罩着王家庄。

综上，《地球上的王家庄》一文在因为人的自我意识觉醒而产生的一系列荒诞情节的深处，潜藏着对愚昧的人性和愚昧的文化的批判。

总体上说来，主旨探究三级阅读素养指标主要包括以下测评标准：

（一）具备文学是人学、文学引导人们追求理想的人性和创造理想的文化这两个基本认知。

（二）能够基于文意的整体性和语意的关联性，在文意理解的基础上对文本中不可见的内容进行探寻、透析和研究。

（三）能够在主旨探究两大文本指标和理想状态之间进行比对，从而对文本主旨的价值作出准确的评价。

（四）能够把文本主旨作为自己的思想资源，在适当的情境中加以运用。

需要特别关注的是，因为目前的阅读活动和阅读教学中对文学性文本主旨的探究尚未建构起基本认知和实践的通路，在针对中小学生的阅读测评中，主旨探究测评也较少以分值高的主观题形式出现，多以客观题的一个选项方式来呈现命题者对文本主旨的探究结果，而且往往是错误表达，考生们可以凭借经验应对测评。显然，这是一种无效的测评方式，对于中小学生的文本认知和阅读能力提升没有任何正向的作用；相反，还加大了语文学科领域的认知模糊和思维含混，是语文学科科学化、专业化建设过程中应该重点予以解决的问题。

我们以2022年高考语文新课标Ⅰ卷文学类文本阅读考题选文《江上》为例，针对文本和相关考题进行分析。

江　上①

冯至

子胥望着昭关以外的山水，世界好像换了一件新的衣裳，他自己却真实地获得了真实的生命。时节正是晚秋，眼前还是一片绿色，夏天仿佛还没有结束。向南望去，是一片人烟稀少的平原。

首段交代人物：伍子胥；地点：昭关以外；时间：晚秋。

最为值得关注的是景物描写和心理描写：“一片绿色”和“他自己却真实地获得了真实的生命”。虽然我们不知道此前发生了什么，但从文本内容中可以看出主人公伍子胥心情的变化，这是一种向好的变化，因为“世界好像换了一件新的衣裳”。

注意：此处景物描写和心理描写之间的关系，从文本中相关描写来看，伍子胥的新生命是好的自然景致带来的。

他在这荒凉的原野里走了三四天，后来原野渐渐变成田畴，村落也随着出现了，子胥穿过几个村落，最后到了江边。

这一段写伍子胥的行迹：原野—田畴—村落—江边。

行文到此处，可以推断出下文的笔触要开始聚焦了，时间和空间要开始定格，叙述要变成描写。此处可用小横线或者波浪线把前后文隔开，这一层次切分有助于我们把握行文的脉络和作者的思路。前面两段的段意我们可以概括为“青绿山水”。

太阳已经西斜，岸上三三两两集聚了十来个人：有的操着吴音，有的说着楚语。有人在抱怨，二十年来，这一带总是打过来打过去，弄得田也不好耕，买卖也不好做。一个上了年纪的人说：“前几年吴王余昧死了，本应该传位给季札，但是季札死也不肯接受，退到延陵耕田去了。一个这样贤明的人偏偏不肯就王位，要保持他的高洁。”

“他只自己保持高洁，而一般人都还在水火里过日子，——我恨这样的人，我们都是吃了他高洁的苦。”一个年轻人愤恨地说。

那老年人却谅解季札：“士各有志。他用行为感动我们，不是比做国王有意义得多吗？——就以他在徐君墓旁挂剑的那件事而论，对于友情是怎样好的一幅画图！”

这三个自然段写了一个场景：傍晚时分，江岸上十来个人的交谈。从口音来看，“有的操着吴音，有的说着楚语”，表明这里是吴楚交界之地。他们抱怨战乱带来的痛苦，然后话题聚焦在“季札”身上，对“季札”的看法两不相同，一个因他置百姓于不顾而愤恨，另一个赞美他品行的高洁和对友情的重视。

季札在死友墓旁挂剑的事，子胥从前也若有所闻，他再低下头看一看自己佩着的剑，不觉起了一个愿望：“我这时若有一个朋友，我也愿意把我的剑，当作一个友情的赠品，——而我永久只是一个人。”子胥这样想时，也就和那些人的谈话隔远了，江水里的云影在变幻，他又回到他自己身上。//这时江水的上游忽然浮下一只渔船，船上回环不断地唱着歌：

日月昭昭乎侵已驰，

与子期乎芦之漪。

这一段先写伍子胥的心理活动：对于友情的渴望和对自身孤独境遇的体察。显然，对于复仇者伍子胥来说，一系列的变化正在发生。先是自然景色的变化带来的，接下来是老百姓对“季札”的议论带来的。

文中“他又回到他自己身上”之后可以线条把前后文隔开。时空虽然没有明显的变化，但新的人物要出现了。这一部分的层意我们可以概括为“淳朴百姓”。

面前的景色，自己的身世，日月昭昭乎侵已驰，是怎样感动子胥的心！他听着歌声，身不由己地向芦苇丛中走去。

西沉的太阳把芦花染成金色，半圆的月也显露在天空，映入江心，是江里边永久捉不到的一块宝石。渔夫的歌声又起了：

日已夕兮予心忧悲，

月已驰兮何不渡为？

歌声越唱越近，渔舟在芦苇旁停住了。子胥身不由己地上了船。

这一段继续写伍子胥的心理活动和行为表现，继续写渔夫的歌声——歌声越唱越近，子胥越走越近。两个“身不由己”，写出歌声带给伍子胥的感动，对伍子胥的吸引。

行文到“子胥上船”，新的情节显然即将徐徐展开。此处可以用横线或者波浪线把前后文隔开。这一部分的层意我们可以概括为“渔舟唱晚”。

多少天的风尘仆仆，一走上船，呼吸着水上清新的空气，立即感到水的温柔。子胥无言，渔夫无语，耳边只有和谐的橹声，以及水上的泡沫随起随灭的声音。船到江中央，水流变得急骤了，世界回到原始一般地宁静。子胥对着这滔滔不断的流水，他想这是从郢城那里流来的。他立在船头，身影映在水里，好像又回到郢城，因为那里的楼台也曾照映在这同一的水里。他望着江水发呆，不知这里边含有多少故乡流离失所的人的眼泪。父亲的、哥哥的尸体无人埋葬，也许早已被人抛入江心；他们得不到祭享的魂灵，想必正在这月夜的江上出没。郢城里的王公们都还在享受眼前的升平，谁知道这时正有一个人在遥远的江上，想把那污秽的城市洗刷一次呢。子胥的心随着月光膨胀起来……

这一段侧重写伍子胥的心理活动，由江水引发的联想和想象，作者借此巧妙地告诉读者，伍子胥深重的仇恨源自“污秽”的楚国都城郢城。“世界回到原始一般地宁静”和“子胥的心随着月光膨胀起来”形成对比，而伍子胥的形象正是在这样的心理活动中进一步得到显现，虽然是“一个人在遥远的江上”，但怀揣着的是“洗刷”污秽的壮志。

他再看那渔夫有时抬起头望望远方，有时低下头看看江水，心境是多么平坦。子胥在他眼里是怎样一个人呢？一个不知从何处来，又不知向哪里去的远方的行人罢了。但是子胥，却觉得这渔夫是他流亡以来所遇到的唯一的恩人，这引渡的恩惠有多么博大，尤其是那两首歌，是如何正恰中子胥的运命，怕只有最亲密的朋友才唱得出这样深切感人的歌词，而这歌词却又吐自一个异乡的、素不相识的人的口里。

这一段继续写伍子胥的心理活动，其中“行人”和“恩人”的对比中承载着深沉的人生感慨，而“引渡的恩惠”一语双关，除了渡江，更重要的是渡心。想一想，一个素不相识的人口里为何吐出了“怕只有最亲密的朋友”才唱得出的深切感人的歌词？

船缓缓地前进着。两人在两个完全不同的世界，一个整日整夜浸在血的仇恨里，一个疏散于清淡的云水之乡。他看那渔夫摇橹的姿态，他享受到一些从来不曾体验过的柔情。往日的心总是箭一般地急，这时却唯恐把这段江水渡完，希望能多么久便多么久，与渔夫共同领会这美好的时刻。

“整日整夜浸在血的仇恨里”的伍子胥“享受到一些从来不曾体验过的柔情”，在“往日”和“这时”的对比中，作者写出了伍子胥对疏散生活的向往、对云水之乡的渴望。

行文到此处，可以用横线或者波浪线把前后文隔开。前一部分三个自然段写的是“舟行江上”时伍子胥的心理活动，注意其中“望着江水发呆”“看那渔夫有时抬起头望望远方，有时低下头看看江水，心境是多么平坦”“看那渔夫摇橹的姿态”三处呼应。

船靠岸了，子胥口里有些嗫嚅，但他最后不得不开口："朋友。我把什么留给你作纪念呢？"渔夫倒有些惊奇了。

这时子胥已经解下他的剑，捧在渔夫的面前。

渔夫吓得倒退了两步，他说："我，江上的人，要这有什么用呢？"

"这是我家传的宝物，我佩带它将及十年了。"

"你要拿这当作报酬吗？"渔夫的生活是有限的，他常常看见有些行人，不知为什么离乡背井要走得那么远。既然远行，山水就成为他们的阻碍；他看惯了走到江边过不来的行人，是多么苦恼！他于是立下志愿，只要一有闲暇，就把那样的人顺便渡过来。因为他引渡的时候多半在晚间，所以就即景生情，唱出那样的歌曲。"这值得什么报酬呢？"

子胥半吞半吐地说："你渡我过了江，同时也渡过了我的仇恨。将来说不定会有那么一天，你再渡我回去。"渔夫听了这句话，一点也不懂，他只拨转船头，向下游驶去。

这一部分写子胥以剑相赠，渔夫淡然离去。子胥赠剑的细节回应了前文中子胥因季札挂剑所起的赠剑于友人的愿望，也写出了子胥在青绿山水之间所获得的人生感悟，以及他对友情的渴慕。

行文到此处，可以用横线或者波浪线把前后文隔开。前一部分写的是子胥和渔夫的对话，可以概括为伍子胥"解剑相赠"。

子胥独自立在江边，望着那只船越走越远了，最后他才自言自语地说："你这无名的朋友，我现在空空地让你在我的面前消逝了，将来我却还要寻找你，不管是找到你的船，或是你的坟墓。"

他再一看他手中的剑，觉得这剑已经不是他自己的了：他好像是在替一个永久难忘的朋友保留着这支剑。

（有删改）

结尾部分写子胥自语，表达出他对渔夫的深情，侧面写出渔夫对他的影响。

最后部分可以概括为子胥“持剑自语”。

①历史小说《伍子胥》写于1942—1943年，取材于春秋时期伍子胥的复仇故事，叙述他由楚至吴的辗转逃亡。小说共九节，《江上》为第六节，讲伍子胥过了昭关，继续跋涉，前往吴国。

《江上》是一篇理解难度较大的历史小说、心理小说，跟所有的文学性文本阅读活动一样，在阅读的过程中，我们一方面需要调动联想和想象等形象思维活动，让自己化身为人物，跟人物一起经历、感受和思考，另一方面需要调动逻辑思维，牢牢把握住作者的行文脉络才能准确理解文意；同时，跟所有的文本阅读一样，对词意、句意、段意、层意和类意的理解是最终我们获得整体文意的基础，对整体文意的理解又是我们进行主旨探究的基础。

全文写伍子胥的行迹与心迹，其层次可以分为以下六个部分：第一部分写子胥行到昭关以外，看见青绿山水，获得真实的生命感受；第二部分写子胥行到江岸，听见淳朴百姓关于季札挂剑的对话，引发对友情的向往之情；第三部分写子胥上船，因为渔夫的歌声和“面前的景色”一起“感动子胥的心”；第四部分写子胥行舟江上，看江水和自己倒映在江水中的身影，回忆起往事，激发报仇的壮志，看渔夫从容摇橹，“享受到一些从来不曾体验过的柔情”；第五部分写行舟靠岸，子胥“解剑相赠”，渔夫淡然拒绝；第六部分写子胥独立江边，“持剑自语”。

文后的客观题中有一个选项为：D.季札的退耕田园，与下文渔夫的泛舟江上，共同表达出本文的隐逸主题。

该选项把“退耕田园”和“泛舟江上”两个情节视为一类，并且把这一类信息的意义和文本主旨关联起来，正如前文所言，文本中的类意与主旨的关系更为密切和深刻，需要我们重视。但在这一个文本中，季札和渔夫的身份不同，而且两种行为的用意不同，前者为“退”，后者为“渡”，所以二者很难作为一类来提取和整合。此外，本文的主旨也并不是“隐逸”。“隐逸”一词意为“避世隐居”，也就是要避开人群、远离社会，到自然中去。而文中主人公伍子胥，只是在逃亡的路途中放下了仇恨，对友情、对别样的生活多了向往，他不仅没有逃避人群，相反很渴望友谊。显然，跟当下高考阅读考查对文学性文本主旨探究的简单化处理方式一样，该选项为错误表达。

第四章

阅读活动之形式鉴赏

文本“形式”回答文本怎么写的这一问题，也就是作者在满足语言文字运用规则和不同文体文本建构规则的情况下，如何通过语言文字运用技巧和不同文体文本建构技巧、对材料的先后安排和详略处理、风格的凝练与打造等实现对文本表达效果即表现力的追求。文本“形式”主要包括语言运用、结构安排和风格特征三个指标。语言运用即语用，不同单位的语言都有其意义，同时还有其运用的规则和技巧，语意和语用是语言知识系统中的两大要素，其中语意构成文意，亦即文本的内容（字面意义），而语用是文本形式要素中的重要维度。在运用语言和材料建构一个文本的过程中，符合语法、修辞和逻辑规则是基本要求；此外，在一个文本中，词语和句子有什么特征，运用了什么样的表达方式（记叙、描写、抒情、议论、说明），运用了什么样的修辞手法，运用了什么样的艺术技巧，是其语言运用的重要观察维度。

除了语言运用之外，文本的结构安排也是形式要素的重要指标。从语言到文本，结构是一脉相承的一个要素。在语言运用中，结构表现为语法，也就是低一级语言单位如何排列组合建构起高一级语言单位；在文本中，结构的显性表现为段落，其隐形表现需要从段落之间的种种关系中寻找，其实质是作者的思路，是作者对材料的先后安排和详略处理。

文本还有一个形式指标是风格。风格特征体现在文本的语言运用中，也体现在文本的艺术技巧中，和文本的结构安排也有关系。由此，在从语言文字到文本的建构过程中，和从语意到文意有一个由小到大的进阶一样，从语用到文本形式也有一个由小到大的进阶，图示如下：

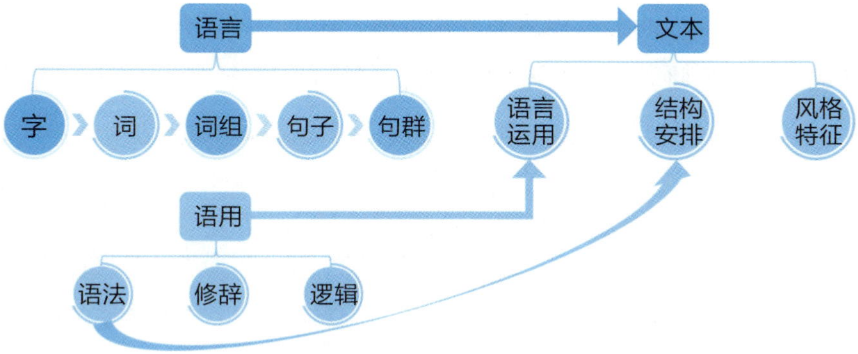

针对文本“形式”的阅读活动是“鉴赏”。“鉴赏”即鉴别和赏析，鉴别是对语言文字运用规则和技巧、文本整体艺术技巧知识的识别与阐释，赏析是对知识运用效果的分析。总体上说来，文本“形式”是为了更好地服务于文本内容和主旨的表达，是为了让意义表达更加准确而又充分。正如中国古代学者、魏晋玄学的代表人物及创始人之一王弼在《周易略例·明象》中所指出的：“夫象者，出意者也；言者，名象者也。尽意莫若象，尽象莫若言。言生于象，故可寻言以观象；象生于意，故可寻象以观意。意以象尽，象以言著。”因此，在文本形式（言）、内容（象）和主旨（意）三者建构而成的文本整体中，对文本“形式”的鉴赏不仅仅就“形式”而言，还应该关联文本内容和主旨进行分析。最终，以对文本“形式”的归纳作为鉴赏的成果。此后，和文本内容理解一样，在阅读素养测评中，与文本形式“鉴赏”相关的后续活动，也就是在文本形式鉴赏过程完成、结果呈现也就是语言运用、结构安排和风格特征综合和归纳出来之后，与之相关的阅读活动为评价和情境运用，这也是阅读活动中“形式”鉴赏的测评指标。

综上，阅读活动中“形式”鉴赏的测评指标同样有两个维度、两种方向、两条路径上的呈现：一是基于文本形式要素的“语言运用”“结构安排”“风格特征”三大类型指标，这里测评的是鉴赏的结果；二是基于阅读活动开展和推进的全过程活动方式指标，这里测评的是鉴赏过程中的阶段性成果，我们将其切分为鉴别、赏析、归纳、评价、情境运用五层进阶指标，这是一个品鉴性阅读亦即品读的阅读活动过程。如下表所示：

文本形式鉴赏三级测评指标体系表

三级指标								
文体表征	阅读活动							
	形式鉴赏							
	鉴别		赏析			归纳	评价	情境运用
	知识识别	知识阐释	形式	内容	主旨			
语言运用								
结构安排								
风格特征								

一、语言运用

文本中的语言运用以遵守语法规则为第一要求。什么是语法？简单地说，语法就是低一级语言单位建构为高一级语言单位的规则，因为在五级语言单位中，词语和句子最为重要，所以语法较多表现为用词造句的规则系统，它是词的构成规则、变化规则、组合规则的总和。语言是由语音形式、语义内容和结构关系三个方面构成的统一体，三个方面缺一不可，互相作用。语音是语言的形式部分，词汇是语言的意义部分，语法是语言单位的关系部分，三个部分在语言中的作用，我们可以这样表述：没有语音形式，语言就无法存在；没有词汇的内容意义，语言就是一个毫无作用的空壳；没有语法，语言就是一盘杂乱而毫无章法的散沙。

语言中的语音由音位与音位组合成音节，这种组合是有规则的；词汇由语素与语素组合而成，这种组合也是按照一定规则进行的，如“桌子、氧化、木头、扒手”不能说成“子桌、化氧、头木、手扒”；词与词组合成句子，也要遵循语法规则，比如“风吹走了草帽”，不能说“草帽吹走了风”，也不能说“吹风走了草帽”。所以，学习一种语言不是记几个单词的意思就可以，还必须了解有关的语法规则，这样才能通过语法把散乱的单词组合成用以表达意义的句子。

因为句子是语言运用的基本单位，对语言运用中语法规则掌握情况的测评，主要表现在病句的辨识与修正上。病句是指违反语法结构规律或客观事理的句子，常见的病句种类有：语序不当、搭配不当、成分残缺或赘余、结构混乱、表意不明和不合逻辑。

如前所言，句子由词、词组（短语）构成，能表达一个完整的意思。句子的结尾使用句号、问号、省略号或感叹号。根据陈述对象的不同，句子有长句和短句之分；根据语气的不同，句子有陈述句、疑问句、祈使句和感叹句之别；根据结构的特点，句子可分为单句和复句，复句是由两个或两个以上意义上相关、结构上互不作句法成分的单句（在复句中被称为分句）加上贯通全句的句调构成的，单句和复句又可以下分若干小类。实际上，句子既是意义单位，也是结构单位。作者在运用句子表达意义的时候，必须遵循结构规则也就是语法规则。

以遵守语法规则为前提，作者可以灵活运用语用技巧来强化表达效果。语用技巧主要体现在词语和句式特征、表达方式（记叙、描写、议论、抒情、说明五种）、修辞手法和艺术技巧四个方面。语法规则是公共性的，它让文本具有公共性；语用技巧则具有个性化的特征，它让文本显现个性。如果说语法规则是文本形式测评的基础维度，语用技巧就是文本形式测评的重要维度。

总体上说来，文本中的语言运用指标主要包括以下测评标准：

（一）有序进行五大进阶的形式鉴赏阅读活动，取得准确的阶段性成果，其中准确归纳和准确评价两大进阶是测评重点。

（二）能对文本中每一个句子的语法结构作出分析，能识别其中的病句并进行分析和修正。

（三）能对文本中的词语和句式特征、表达方式（记叙、描写、议论、抒情、说明五种）运用、修辞手法运用和艺术技巧运用四个方面的语用技巧进行鉴别和阐释。

（四）能从语用和语意的关系、在语境中的作用等角度对文本中的语用技巧进行赏析。

（五）能对文本在语言运用上的总体特征及其表意效果进行归纳。

下面以高考选文《线条之美》和文后的语句赏析题为例进行具体阐释。

线条之美

梁衡

我第一次对线条感兴趣，是有人送我一个细长的瓶子，里面装着一种很名贵的牡丹油。但我“买椟还珠”，目不见油，竟被这个瓶子惊呆了。它的设计非常简洁，并没有常见的鼓肚、细腰、高脚、束口等扭扭捏捏的俗套。如果把瓶盖去掉，就剩下左右两条对称的弧线。但这线条的干净，让你觉得是窗前的月光，空明如水；或是草原深处的歌声，直飘来你的心底。我神魂颠倒，在手中把玩、摩挲不停。工作时置于案头，常会忍不住抬头看两眼。

初中学几何时就知道，空间中先有一个点；点一动，它的轨迹就生成了一条线。所谓轨迹者，只是我们的想象，或者是一物划过之后，在我们的脑海里的视觉驻留。原来这线条的美正在似有似无之间，是自带几分幻美的东西。主客交融，亦幻亦真，天光云影，想象无穷。正是因了它的来无踪，去无影，永不停，却又永无结果，也就让你永不会失望。线条，一种虚幻的、没有穷尽的，可以寄托我们任何理想、情感和审美的美。

点动生线，线动生面，在大千世界里，这线永处于一种过渡之中。当它静卧于纸面时就含而不露，或如枪戟之威，或如少女之娴；而一旦横空出世，就如羽镝之鸣，星过夜空。这线内藏着无尽的势能与动能。所以中国画的白描，不要颜色，也不要西画的透视、光影，只需一根线，就能表现出人物的喜怒哀乐，山水的磅礴雄浑。那线的起落、走势、轻重、弯曲等，居然能分出几十种手法，灵动地捕捉各种美感。叶落霜天，花开早春，大河狂舞，烈马嘶鸣。确实在大自然中，从天边群山的轮廓，到眼前的一片树叶、一枚花瓣，都是曲线的杰作。无论平面还是立体的艺术，一线便可定格一个美丽的瞬间，同时也吐纳着作者内心的块垒。曹植的《洛神赋》：“翩若惊鸿，婉若游龙……髣髴兮若轻云之蔽月，飘飖兮若流风之回雪……秾纤得衷，修短合度。肩若削成，腰如约素。”简直是一幅美人线描图。张岱的名篇《湖心亭看雪》写雪后西湖的风景，“天与云与山与水，上下一白。湖上影子，惟长堤一痕、湖心亭一点、与余舟一芥，舟中人两三粒而已”。你看一痕、一点、一芥、一粒，虽是文字，作者却如画家一般纯熟地运用了点和线的表现手法。

线条既然有这样的魔力，便为所有艺术之不可或缺，或者算是艺术之母了吧。最典型的是书法艺术，洗尽铅华，只剩了白纸上一丝黑线的游走。那飞扬狂舞的草书，漏痕、飞白、悬针、垂露等等，恨不能将人间所有的线条式样收来，再融入作者的情感，飞墨于纸。或如晴空霹雳，或如灯下细语。就这样牵着人的神经，几千年来书不完、变无穷、说不够、赏不尽。再如舞蹈，一个舞蹈家的表演实际上是无数条曲线在空间做着力与势、虚与实、有与无的曼妙组合，不停地在我们的脑海里形成视觉的叠加。正如纸上绝不会有两幅相同的草书，台上也绝不会有两个相同的舞姿。这永不休止的奇幻变化，怎么能不教你的神经止不住地兴奋呢。至于音乐，那是声音加时间的艺术，是不同声音的线条在不同时间段上的游走，轻轻地按摩着我们的神经，形成听觉上的驻留。所谓余音绕梁，三日不绝。其实那梁上绕着的是些乐谱的彩色线条。

线条魅力的最高体现在于我们的人体。人，除作为生产力的第一要素外，还是世间高贵的审美对象。郭兰英唱：“姑娘好像花一样，小伙心胸多宽广。”奚秀兰唱：“阿里山的姑娘美如水呀，阿里山的少年壮如山。”这些都是在说他们身上阴柔至美或阳刚至强的线条。于是就专门产生了美术界的人体绘画、摄影、雕塑，舞台上的舞蹈、戏剧、模特，竞技场上的体操、健美、杂技等等。这些都是人对自身形体线条的欣赏、开发与利用。

线的魅力不止于具体的人或物，还常常注入主观精神，可囊括一个时代，代表一个地域，成了一个国家或一段历史的符号。秦篆、汉隶、魏碑、唐楷，还有春秋的金文、商代的甲骨，这每一种字体的线条，就是贴在那个朝代门楣上的标签。新中国成立之初，林徽因受命参与设计国徽与人民英雄纪念碑的浮雕。其时她已重病在身，研究出方案后便让学生去画草图。一周之后交来作业，她只看了一眼，便大声说："这怎么行？这是康乾线条，你给我到汉唐去找，到霍去病墓上去找。"多年前，当我初读到这段资料时就奇怪，只用铅笔在白纸上勾出的一根细线，就能看出它是康熙、乾隆，还是大汉、盛唐？带着这个疑问，我终于在去年有缘亲到霍去病墓上走了一趟。那著名的《马踏匈奴》，还有石牛、石马等作品，线条拙朴、雄浑、苍凉，虽时隔两千年，仍然传递着那个时代的辉煌、开放、不拘一格与国家的强盛。康乾时期中国的封建社会已是强弩之末，线条繁缛奢华，怎能表现当时新中国的如日初升呢？

美哉！博大精深的线条。

（选自《人民日报》，有删节）

考题：请赏析文中画线句子。

文中画线句子为：

最典型的是书法艺术，洗尽铅华，只剩了白纸上一丝黑线的游走。那飞扬狂舞的草书，漏痕、飞白、悬针、垂露等等，恨不能将人间所有的线条式样收来，再融入作者的情感，飞墨于纸。或如晴空霹雳，或如灯下细语。就这样牵着人的神经，几千年来书不完、变无穷、说不够、赏不尽。

该句所谈为书法艺术中的线条运用。按照前文所论，对文中画线句子的赏析需要先辨识和阐释其中的词句特征、表达方式、修辞手法和艺术技巧，然后结合句意分析该句在文本整体中所起的作用。

（一）找出画线句子中用法特殊的词语并进行分析：除了"漏痕""飞白""悬针""垂露"等书法艺术领域的专有名词之外，最有特色的莫过于"游走"一词，以动写静，让线条活了起来；与之相呼应的还有“飞墨”这一词组，把“用笔”这一语意表达得充满气势，彰显了作者的语言运用个性。

（二）辨识画线句子中句式的特点并进行分析：长短结合、灵活多变是该句在句式上突出的特征，这样的句式运用使表达灵动、文采飞扬而且表意充分。

（三）分析画线句子的表达方式：这是一段抒情性的论述文字，对书法艺术中的线条之美进行了介绍、评价和赞美。

（四）分析画线句子中的修辞手法：这几个句子大量运用了修辞，如拟人（“洗尽铅华”“游走”“恨不能……收来”）、比喻和对偶（“或如晴空霹雳，或如灯下细语”）、排比（“书不完、变无穷、说不够、赏不尽”）。

（五）分析画线句子中的艺术技巧：主要是典型化选材和对象化表达，在“最典型”的书法艺术中选取最典型的“草书”，以其为陈述对象、为主体进行表达。

（六）分析画线句子所表达的意思：草书在线条运用中获得的艺术活力和审美价值。

（七）分析画线句子在文中所起的作用：作者通过灵活的语用，生动而又深刻地展现了草书在线条运用中获得的简约而富于变化的艺术活力和审美价值，体现了线条在书法艺术中的重要作用。（从语用和语意关系的角度进行分析。）生动而又深刻地证实了线条是艺术之母的观点。（放在语境之中，联系上下文。）

（八）分点作答：分点时要注意对句中的语用特点进行归纳和整合，对句子本身语用和语意的关系以及和上下文语意的关系进行分析和整合，然后分点或分层概括即可。

参考答案：

运用拟人、通感（比喻）和排比的修辞方法，生动有力地展现了线条赋予草书简约而富于变化的艺术活力，体现了线条在书法艺术中的重要作用。

该答案只从修辞手法运用的角度对画线句子的语用特征进行鉴赏。虽然修辞手法运用是该句最为明显的语用特征，但单单关注修辞手法，对该句语用特征的发掘和表达效果的赏析是不够的，也不利于知识体系和思维路径的构建。

《线条之美》的句子赏析题是一道综合考查题，在对文本的形式鉴赏进行测评时，也可以针对某一部分内容设计考题。比如以下这道高考语文中的语言文字运用真题：

我决定步行回家，我喜欢走夜路，何况此时夜凉如冰。我越过立交桥，走进了二环路西侧人行道。这条环路是北京塞车最严重的道路之一，白天黑夜，红尘万丈，车流缓缓，永远像一条黏稠的河。不知不觉，我发现已经走到了朝阳门立交桥附近，忽然想起朝阳门里北街上有一家专卖门钉肉饼的小店——对，去吃门钉肉饼。

这是个很小的小店，南北进深不足三米，东西长顶多十几米，七八张桌子，大概是屋子里太热了，只有三四张桌上有人，每个人面前都有一盘门钉肉饼，烙得焦黄，渗着油光，让人馋涎欲滴。

“外边坐吧，外边有桌子，凉快。”

看我在杯盘狼藉的几张桌子之间犹豫，一个女孩子走过来，用手里的筷子和盘子向门外指了指，对我建议，店门外是摆了几张桌子，那里肯定凉快，可是我固执地挑了一张桌子坐了下来，让女孩子把桌子收拾干净，然后要了六个门钉肉饼和两碗小米粥。

牛肉饼和小米粥很快都端来了，热气、香味混在一起，让我食欲大振。

往小碟子里倒了醋和辣椒油，然后在酸和辣的合奏里，我把饼和粥都一扫而光，又心满，又意足。

考题：文中画横线的句子可以改写成“我心满意足地把饼和粥都一扫而光”。从语义上看二者基本相同，为什么说原文表达效果更好？

这是一道针对句式而设计的考题。

参考答案：

从强调的重点来看：改句“我心满意足地把饼和粥都一扫而光”重点在“一扫而光”，强调吃的结果；原句重点落在“又心满，又意足”，能更好地表达“我”吃完肉饼后心情的舒畅与满足，强调的是吃完的心情，更符合原文的逻辑。

从适用的位置来看：改句“我心满意足地把饼和粥都一扫而光”用来结束文段，语意未尽，似乎话还没说完，给人以结尾收束匆促之感；原句“又心满，又意足”，运用短句放在句子最后，语气舒缓，语意完整，适合做段落的结尾。

从语体风格来看：改句“我心满意足地把饼和粥都一扫而光”表达比较普通；原句“我把饼和粥都一扫而光，又心满，又意足”，口语化，活泼俏皮，和整个文段较口语化的文风更和谐。

组织答案之前，应该对原句和改句的语法构成进行分析：首先，原句对“心满意足”这一联合结构的成语进行了个性化的拆分，突破了成语庄重典雅的风格特征，表现出活泼俏皮的口语化特点；改句直接使用“心满意足”这一成语，中规中矩，正式庄重。其次，原句把“又心满，又意足”作为补语放在后面，很好地呈现了吃完肉饼后心里的满足感，更符合逻辑；改句把“心满意足”作为状语放置在动词前面，不太符合生活情理。在整体语境中，这句话是全文的结束语，原句用两个有并列关系的短句结束全文，表意完整，语气舒缓；而改句收尾匆促突兀，意有未尽。

两相比较，参考答案未能依托语法知识进行解题，在指向规律性知识的答题指导和素养提升上做得不够。

针对小说文本中人物描写而设置的考题，也是依据小说文本的文体特征、指向描写这一表达方式的一种文本形式测评题。下面是高考选文《理水》及其相关考题：

理 水

鲁迅

当两位大员回到京都的时候，别的考察员也大抵陆续回来了，只有禹还在外。他们在家里休息了几天，水利局的同事们就在局里大排筵宴，替他们接风。这一天真是车水马龙，不到黄昏时候，主客就全都到齐了，院子里却已经点起庭燎来，鼎中的牛肉香，一直透到门外虎贲的鼻子跟前，大家就一齐咽口水。酒过三巡，大员们就讲了一些水乡沿途的风景，芦花似雪，泥水如金，黄鳝膏腴，青苔滑溜……等等。微醺之后，才取出大家采集了来的民食来，都装着细巧的木匣子，盖上写着文字，有的是伏羲八卦体，有的是仓颉鬼哭体，大家就先来赏鉴这些字，争论得几乎打架之后，才决定以写着“国泰民安”的一块为第一，因为不但文字质朴难识，有上古淳厚之风，而且立言也很得体，可以宣付史馆的。

局外面也起了一阵喧嚷。一群乞丐似的大汉，面目黧黑，衣服破旧，竟冲破了断绝交通的界线，闯到局里来了。卫兵们大喝一声，连忙左右交叉了明晃晃的戈，挡住他们的去路。

“什么？——看明白！”当头是一条瘦长的莽汉，粗手粗脚的，怔了一下，大声说。

卫兵们在昏黄中定睛一看，就恭恭敬敬的立正，举戈，放他们进去了。

局里的大厅上发生了扰乱。大家一望见一群莽汉们奔来，纷纷都想躲避，但看不见耀眼的兵器，就又硬着头皮，定睛去看。头一个虽然面貌黑瘦，但从神情上，也就认识他正是禹；其余的自然是他的随员。

这一吓，把大家的酒意都吓退了，沙沙的一阵衣裳声，立刻都退在下面。禹便一径跨到席上，并不屈膝而坐，却伸开了两脚，把大脚底对着大员们，又不穿袜子，满脚底都是栗子一般的老茧。随员们就分坐在他的左右。

“大人是今天回京的？”一位大胆的属员，膝行而前了一点，恭敬的问。

“你们坐近一点来！”禹不答他的询问，只对大家说。“查的怎么样？”

大员们一面膝行而前，一面面面相觑，列坐在残筵的下面，看见咬过的松皮饼和啃光的牛骨头。非常不自在——却又不敢叫膳夫来收去。

“禀大人，”一位大员终于说。“倒还像个样子——印象甚佳。松皮水草，出产不少；饮料呢，那可丰富得很。百姓都很老实，他们是过惯了的。”

“卑职可是已经拟好了募捐的计划，”又一位大员说。“准备开一个奇异食品展览会，另请女隗小姐来做时装表演，来看的可以多一点。”

“这很好。”禹说着，向他弯一弯腰。

“不过第一要紧的是赶快派一批大木筏去，把学者们接上高原来。”第三位大员说，“学者们有一个公呈在这里，他们以为文化是一国的命脉，学者是文化的灵魂，只要文化存在，华夏也就存在，别的一切，倒还在其次……”

“他们以为华夏的人口太多了，”第一位大员道，“减少一些倒也是致太平之道。况且那些不过是愚民，那喜怒哀乐，也决没有智者所推想的那么精微的。……”

“放他妈的屁！”禹心里想，但嘴上却大声的说道：“我经过查考，知道先前的方法：‘湮’，确是错误了。以后应该用‘导’！不知道诸位的意见怎么样？”

静得好像坟山；大员们的脸上也显出死色，许多人还觉得自己生了病，明天恐怕要请病假了。

“这是蚩尤的法子！”一个勇敢的青年官员悄悄的愤激着。

“卑职的愚见，窃以为大人是似乎应该收回成命的。”一位白须白发的大员，这时觉得天下兴亡，系在他的嘴上了，便把心一横，置死生于度外，坚决的抗议道：“湮是老大人的成法。‘三年无改于父之道，可谓孝矣。’——老大人升天还不到三年。”

禹一声也不响。

“况且老大人化过多少心力呢。借了上帝的息壤，来湮洪水，虽然触了上帝的恼怒，洪水的深度可也浅了一点了。这似乎还是照例的治下去。”另一位花白须发的大员说，他是禹的母舅的干儿子。

禹一声也不响。

“我看大人还不如‘干父之蛊’，”一位胖大官员看得禹不作声，以为他就要折服了，便带些轻薄的大声说，不过脸上还流出着一层油汗。“照着家法，挽回家声。大人大约未必知道人们在怎么讲说老大人罢……”

“要而言之，‘湮’是世界上已有定评的好法子，”白须发的老官恐怕胖子闹出岔子来，就抢着说道。“别的种种，所谓‘摩登’者也，昔者蚩尤氏就坏在这一点上。”

禹微微一笑：“我知道的。有人说我的爸爸变了黄熊，也有人说他变了三足鳖，也有人说我在求名，图利。说就是了。我要说的是我查了山泽的情形，征了百姓的意见，已经看透实情，打定主意，无论如何，非‘导’不可！这些同事，也都和我同意的。”

他举手向两旁一指。白须发的，花须发的，小白脸的，胖而流着油汗的，胖而不流油汗的官员们，跟着他的指头看过去，只见一排黑瘦的乞丐似的东西，不动，不言，不笑，像铁铸的一样。

考题：鲁迅说，“我们从古以来，就有埋头苦干的人，有拼命硬干的人，有为民请命的人，有舍身求法的人，……这就是中国的脊梁”。请谈谈本文是如何具体塑造这样的“中国的脊梁”的。

参考答案：

①形象描写。将禹及其随员描写为“乞丐似的大汉”，写出艰苦卓绝的实干家形象。

②言行描写。文中的禹坚毅寡言，一旦说话，则刚直有力。

③对比手法。始终在同众大员的对比中塑造禹及其随员，从而凸显其“中国的脊梁”形象。

回答此题，我们首先需要确定的是文中谁是“中国的脊梁”，以及他们的属性和特征。文中，作者塑造了两类不同的人物形象：一类是禹和他的随员，他们是中国的脊梁，是作者充分肯定、倾情歌颂的正面人物形象；另一类是先期回到京都的大员和考察员们，他们不是中国的脊梁，甚至可以说是中国的败类，是作者充分否定、倾力贬抑的反面人物形象。确定文中谁是“中国的脊梁”不难，当然是禹和他的随员。对他们的属性和特征进行概括则需要细致的梳理和深入的分析，这是阅读活动中的重要环节。

接下来，需要回答的便是作品是如何具体塑造他们的形象的。除了作者直接或通过其他人物、其他方式间接交代人物性格特点和形象特征之外，小说中的人物往往是通过其在情节中的活动来呈现其性格特点和形象特征的。小说的情节非常集中，就是在水利局的筵宴上禹和大员们的对话。按照人物出现次序和对话内容的不同，也就是文意的变化，可以把结构划分为三部分：禹和他的随员出现在筵宴上；禹向大员们了解调查情况；禹和大员们探讨治水方略。在这几个情节片段中，作者对禹和他的随员进行了正面描写，包括对人物的外形、服饰、语言、动作、心理活动进行描写；同时，也进行了侧面描写，即通过对大员和考察员们的描写，在对比描写中凸显禹和他的随员的形象。

回答问题时要注意扣题，那就是“中国的脊梁”以及“中国的脊梁”所应该具有的属性和特征，把语言文字运用和意义表达结合起来，分点分层进行解答。

显然，参考答案三点中的第一点和第二点都属于正面描写，该答案在逻辑层级上并不尽如人意，在引导读者建构起关联性和结构化的思维路径上也有所欠缺。

二、结构安排

结构是组成整体的各部分之间的搭配和安排，文本的结构与语言的结构既一脉相承，又有所变化。语言的结构以遵循既定的语法规则为要，需要在遵循规则的前提下使用技巧；文本的结构以符合逻辑为要，在材料的先后安排和详略处理中更多地体现作者的写作意图和行文思路。

总体上说来，文本中的结构安排指标主要包括以下测评标准：

（一）有序进行五大进阶的形式鉴赏阅读活动，取得准确的阶段性成果，其中准确归纳和准确评价两大进阶是测评重点。

（二）能在对文本中文意的变化进行准确梳理、分析和概括的基础上，找到文本的结构特征。

（三）能从结构和语意的关系、在语境中的作用等角度对文本的结构安排进行赏析。

（四）能对文本在结构安排上的总体特征及其表意效果进行归纳。

下面以高考选文《天器》和文后的结构安排题为例进行具体阐释。

天　器

赵长天

风，像浪一样，梗着头向钢架房冲撞。钢架房，便发疟疾般地一阵阵战栗、摇晃，像是随时都要散架。渴！难忍难挨的渴，使人的思想退化得十分简单、十分原始。欲望，分解成最简单的元素：水！只要有一杯水，哪怕半杯，不，一口也好哇！

空气失去了气体的性质，像液体，厚重而凝滞。粉尘，被风化成的极细极小的砂粒，从昏天黑地的旷野钻入小屋，在人的五脏六腑间自由遨游。它无情地和人体争夺着仅有的一点水分。

他躺着，喉头有梗阻感，他怀疑粉尘已经在食道结成硬块，会不会引起别的疾病，比如矽肺？但他懒得想下去，疾病的威胁，似乎已退得十分遥远。

他闭上眼，调整头部姿势，让左耳朵不受任何阻碍，他左耳听力比右耳强。

风声，丝毫没有减弱的趋势。

他仍然充满希望地倾听。

基地首长一定牵挂着这支小试验队，但无能为力。远隔一百公里，运水车不能出动，直升机无法起飞，在狂虐的大自然面前，人暂时还只能居于屈从的地位。

他不想再费劲去听了。目前最明智的，也许就是进入半昏迷状态，减少消耗，最大限度地保存体力。

于是，这间屋子，便沉入无生命状态……

忽然，处于混沌状态的他，像被雷电击中，浑身一震。一种声音！他转过头，他相信左耳的听觉，没错，滤去风声、沙声、钢架呻吟声、铁皮震颤声，还有一种虽然微弱，却执着，并带节奏的敲击声。

“有人敲门！”他喊起来。

遭雷击了，都遭雷击了，一个个全从床上跳起，跌跌撞撞，竟全扑到门口。

真真切切，有人敲门。谁？当然不可能是运水车，运水车会揿喇叭。微弱的敲门声已经明白无误地告诉大家：不是来救他们的天神，而是需要他们援救的弱者。

人的生命力，也许是最尖端的科研项目，远比上天的导弹玄秘。如果破门而入的是一队救援大军，屋里这几个人准兴奋得瘫倒在地。而此刻，个个都像喝足了人参汤。

“桌子上有资料没有？当心被风卷出去！”

“门别开得太大！”

“找根棍子撑住！”

每个人都找到了合适的位置，摆好了下死力的姿势。

他朝后看看。“开啦！”撤掉顶门棍，他慢慢移动门闩。

门闩吱吱叫着，痛苦地撤离自己的岗位。当门闩终于脱离了销眼，那门，便呼地弹开来，紧接着，从门外滚进灰扑扑一团什么东西和打得脸生疼的砂砾石块，屋里刹时一片混乱，像回到神话中的史前状态。

“快，关门！”他喊，却喊不出声。但不用喊，谁都调动了每个细胞的力量。

门终于关上了，一伙人，都顺门板滑到地上，瘫成一堆稀泥。

谁也不作声。谁也不想动。直到桌上亮起一盏暗淡的马灯，大家才记起滚进来的那团灰扑扑的东西。

是个人，马灯就是这人点亮的。穿着毡袍，说着谁也听不懂的蒙语。他知道别人听不懂，所以不多说，便动手解皮口袋。

西瓜！从皮口袋里滚出来，竟是大西瓜！绿生生，油津津，像是刚从藤上摘下，有一只还带着一片叶儿呢！

戈壁滩有好西瓜，西瓜能一直吃到冬天，这不稀罕。稀罕的是现在，当一口水都成了奢侈品的时候，谁还敢想西瓜！

蒙古族同胞利索地剖开西瓜。红红的汁水，顺着刀把滴滴嗒嗒淌，馋人极了！

应该是平生吃过的最甜最美的西瓜，但谁也说不出味来，谁都不知道，那几块西瓜是怎么落进肚子里去的。

至于送西瓜人是怎么冲破风沙，奇迹般地来到这里，最终也没弄清，因为谁也听不懂蒙语。只好让它成为一个美好的谜，永久地留在记忆中。

（有删改）

考题1：作者以“渴”为中心谋篇布局，这样安排有什么好处？

考题2：小说以一个没有谜底的“美好的谜”结尾，这样处理有怎样的艺术效果？请结合作品进行分析。

这两道题分别以“谋篇布局”和“结尾”为关键词，指向的实际上都是文本的结构安排。我们需要先通过对文本的文意变化进行分层梳理、分析和概括来把握文本的结构特征。从文意变化上来说，该文本大致可以分为三部分：从开头到“于是，这间屋子，便沉入无生命状态……”，写的是陷入“渴”的困境；从“忽然”这一段到“门终于关上了”这一段，写的是救人；从“谁也不作声”到最后，写的是“解渴”的幸福。全文内容可以用下图表示：

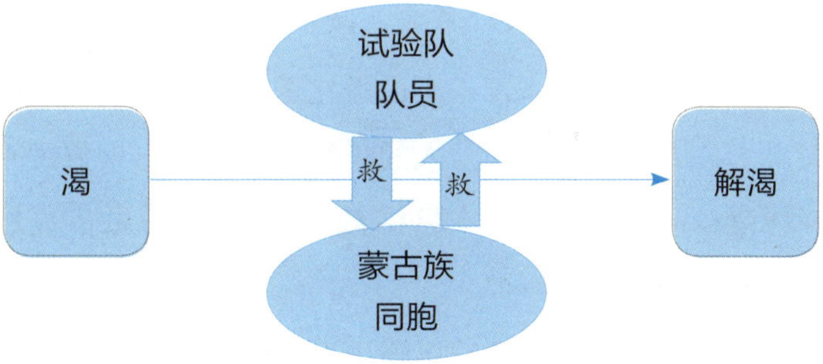

从“渴”到“解渴”，小说的情节发展有一条明显的主线，也可以说作者是在以“渴”为中心谋篇布局，那么，这样安排有什么好处呢？这道题的参考答案是：①省去许多不必要的叙述交代，使情节更简洁。②集中描写人物在特定环境下的状态与感受，使主题更突出。如果更好地深入文本和关联知识，答案可以优化为：①通过“渴”的感受间接写出“环境”的险恶，写出大自然的狂虐和人在大自然面前的渺小无助；②以“渴”和“解渴”为中心安排“情节”，使情节更集中；③“渴”在突出人与环境的冲突的同时，必然凸显人与人之间友情的可贵，小说的“主题”因此更为突出。参考答案的不足是忽略了小说文本的内容三要素之一“环境”，而这一要素对于文本内容呈现、主旨表达和形式特征来说都非常重要。

小说的尾句是“只好让它成为一个美好的谜，永久地留在记忆中”，以一个没有谜底的“美好的谜”结尾，这样处理有怎样的艺术效果？该题的参考答案是：①小说人物“他”所知有限，这样写很真实；②故事戛然而止，强化了小说的神秘氛围；③打破读者的心理预期，留下了更多想象回味的空间。这一答案中的②和③在表意上有重复之嫌，如果更好地深入文本、关联题干和关联知识，我们可以把“谜”和“美好的”进行拆分，分别分析其指涉，答案可以调整为：①“谜”针对送瓜人如何冲破风沙来到基地，因为小说以“他”的视角展开叙述，而“他”以及“他”所代表的试验队成员与蒙古族同胞语言不通，这样处理强化了小说的真实性；②“美好的”针对文本主旨而言，小说虚化送瓜人如何冲破风沙来到基地的情节，突出了“天器”面前人与人的美好关系，突出少数民族同胞对试验队的美好情谊，而这，正是文本想要表达的主题；③故事戛然而止，给读者留下了更多想象回味的空间。

结构是文本的骨架，是作者的思路，准确把握文本结构的特征是文本形式鉴赏的重要指标。当然，针对文本结构安排的考题，可以有多样化的呈现，比如以下高考文本和考题：

到梨花屯去

何士光

这故事开场时是颇为平淡的，只是后来，马车快要进梨花屯，而两个乘客也沉默时，回过头来看一看，兴许才有一点故事的意味……

一辆马车从白杨坝出来，车夫是个老人家。在一座石桥旁，他把一个中年人让到车上来。看得出，这是位下乡干部。

天色好晴朗。水田还没有栽上秧子，但包谷已长得十分青葱，初夏的山野，透露着旺盛的生命力，叫人沉醉不已。碎石的马路拐弯了，爬坡了，又拐弯了，又爬坡了。不时有布谷在啼叫，车上的人似乎打起盹来了。

不知过了多久，马车停住。打盹的干部猛地抬头，看见有人正上到车上来。

“啊，谢主任？”来人犹豫地打招呼，似乎有些意外。

“是……老赵同志？”谢主任嗫嚅了一下，也有些突然。

车抖了一下，从横过路面的小小水沟上驶过。

谢主任把香烟掏出来，递一支给老赵：“去梨花屯？”语气中有和解的意味。

老赵谨慎地回答：“是。”

“去包队吗？”

“是。胜利大队。”

“我也是！”谢主任和蔼地笑起来，“我们都是十回下乡九回在，老走梨花这一方！”

笑颜使气氛松动起来。三只白鹤高高飞过，不慌不忙扇动着长长的翅膀，在蓝天里显得又白又亮……

“老赵，”谢主任开诚布公地谈起来，“我一直想找机会和你谈谈呢！为七六年秋天在梨花挖那条沟，你怕还对我有些意见呐！”

“谢主任，你说到哪里去了！”

“实事求是嘛！当时我是工作队的负责人，瞎指挥是我搞的，该由我负责！有人把责任归到你头上，当然不应当！”

“我……”

“我也明知那条沟不该挖，一气就占了四十亩良田。但当时压力大啊；上边决定要挖，社员不同意挖，是我硬表了态：我叫挖的，我负责！”

“这种表态，”老赵想了一想，“我也表过……”

“那是因为我先表嘛！”谢主任接过话头，“老赵，去年报上有篇报道，你读过没有？”

“哪一篇？”

“谈得真好！”谢主任不胜感慨地说，“是基层干部座谈。总结说：上面是‘嘴巴硬’，基层干部是‘肩膀硬’！基层干部负责任。像是报道的安徽……”

路转了一个大弯——在一座杉树土岗前好像到了尽头，接着又一下子在马车前重新展现出来，一直延伸到老远的山垭口……

“正是这样嘛！”谢主任点头，“那条沟，责任由我负！”

“我也有责任！那是分派给我的任务。如果不是我催得紧，态度那样硬，说不定就挖不成！责任归我负！”

双方都有诚恳的态度，气氛十分亲切了，甚至到了甜蜜的地步。

路旁出现了一条水沟，水欢快地流淌着，发出叫人喜悦的响声……

他们无拘无束地谈下去了。谈形势，谈这次去梨花屯纠正“定产到组”中出现的种种偏差，等等。后来，拉起家常来了……

越近梨花屯，地势就越平坦，心里也越舒畅。突然，谢主任拍了拍赶车老汉的肩膀：“停一停！”

老人家把缰收住了。

“两年多没到梨花，看看那条沟怎样了！”

坝子上水田一块接着一块，已经犁过了。带着铧印的泥土静静地横陈着，吸收着阳光，像刚切开的梨子一样新鲜，透着沁人心脾的气息……

看不见那条沟。

谢主任问车夫：“老同志，那条沟是不是在这一带？”

“咹？”老人家听不清。

老赵大声说：“沟——挖过一条沟啊！”

“嗯，”老人家听懂了，点点头，“是挖过一条沟。唔，大前年的事喽，立冬后开挖的。分给我们六个生产队，每个劳力摊一截。我都有一截呢！顶上头一段，是红星队……”

看来老人家说起话来是絮絮不休的。老赵终于打断了他：“现在沟在哪里？”

“哪里？”老人家摇着头，“后来填了嘛，去年，开春过后……”

谢主任问：“哪个喊填的？”

“哪个？”老人家认真地想了一回，“没有哪个。是我们六个队的人商量的。总不成就让它摆在那里，沟不沟坎不坎的！唔，先是抬那些石头。论挑抬活路，这一带的人都是好手，肩膀最硬……”

像我们在乡下会碰到的许多老人家一样，这位老人也有着对往事的惊人记忆。也许平时不大有机会说话，一旦有人听，他们就会把点点滴滴说得详详细细，有几分像自言自语，牵连不断地说下去。说下去，平平静静的，像是在叙述别人的而不是自身的事情，多少波澜都化为了涓涓细流，想当初虽未必如此简单，而今却尽掩在老人家略带沙哑的嗓音里了。

后来，老赵提醒他："老人家，我们走吧！"

老赵的声音，柔和得有些异样。而且不知为什么，这以后不论是老赵还是谢主任，都没再说一句话。

啊，前面，杂树的碧绿和砖瓦的青灰看得见了。是的，梨花屯就要到了！

1979年5月

（有删改）

考题：两个乘客为什么沉默？小说为什么首尾均有这一细节？请结合全文分析。

参考答案：

第一问：两个乘客的沉默，是由于赶车老人的话使他们产生触动，并陷入沉思。

第二问：首尾都写到两个乘客的沉默，既是结构上的呼应，也强调了沉默之中含有深意；小说在开头提示"回过头来看一看"，结尾又说"不知为什么"，都指引读者去思考这个看似平淡的故事中所包含的深刻意味。

该题有两问，第一问考查相关信息的提取和分析，第二问考查对某一具体结构安排的赏析。本文在结构安排上的匠心首先表现在开头一段上："这故事开场时是颇为平淡的，只是后来，马车快要进梨花屯，而两个乘客也沉默时，回过头来看一看，兴许才有一点故事的意味……"这一段先把整个故事的过程和作者对故事的评价概略表达出来，"两个乘客也沉默"发生在故事的结束阶段，其具体指涉要到文本后面找。因为有了这一段，文本有了艺术性，结构上有了首尾呼应，表意上有了强调，通过首尾呼应来强化意义表达，既指向文本主旨的深刻性，也指向文本形式的艺术性。

三、风格特征

风格特征是文本形式鉴赏中一个非常重要的指标。我们都知道，词语有感情色彩，也有风格特征，最多见的便是书面语和口语之间雅和俗的风格区分，前者含蓄、婉曲、典雅，后者直白、浅俗、粗陋。词语的风格特征决定了其他高级语言单位的风格特征，加上表达方式、修辞手法和艺术技巧的运用，以及结构安排的不同，文本也有了风格特征。文体样式不同，风格特征也有所不同，二者常常有所关联，议论文以理服人，往往严谨、庄严；记叙文记人叙事，往往生动、鲜活。

总体上说来，文本中的风格特征指标主要包括以下测评标准：

（一）有序进行五大进阶的形式鉴赏阅读活动，取得准确的阶段性成果，其中准确归纳和准确评价两大进阶是测评重点。

（二）能基于文本的语言运用对文本的风格特征作出辨识、分析和归纳。

（三）能基于文本的结构安排对文本的风格特征作出辨识、分析和归纳。

（四）能基于文本的内容呈现对文本的风格特征作出辨识、分析和归纳。

（五）能从语用和语意的关系、在语境中的作用等角度对文本的风格特征及其表意效果进行总体归纳。

下面以高考选文《有声电影》和文后的语言赏析题为例进行具体阐释。

有声电影

老舍

二姐还没看过有声电影，可是她已经有了一种理论，在没看见以前，先来一套说法，不独二姐如此，此之谓“知之为知之，不知为知之”也。她以为有声电影便是电机嗒嗒之声特别响亮而已，不然便是当电人——二姐管银幕上的英雄美人叫电人——互相巨吻的时候，台下鼓掌特别发狂，以成其“有声”。她确信这个，所以根本不想去看。

但据说有声电影是有说有笑而且有歌，她才想开开眼。恰巧打牌赢了钱，于是大请客。二姥姥，三舅妈，四姨，小秃，小顺，四狗子，都在被请之列。

大家决定看午后两点半那一场，所以十二点动身也就行了。

到了十二点三刻谁也没动身。二姥姥找眼镜找了一刻来钟；确是不容易找，因为眼镜在她自己腰里带着呢。跟着就是三舅妈找钮子，翻了四只箱子也没找到，结果是换了件衣裳。四狗子洗脸又洗了一刻多钟，总算顺当。

出发了。走到巷口，一点名，小秃没影了。折回家里，找了半点多钟，没找着。大家决定不看电影了，找小秃更重要。把新衣裳全脱了，分头去找小秃。正在这个当儿，小秃回来了；原来他是跑在前面，而折回来找她们。好吧，再穿好衣裳走吧，反正巷外有的是洋车，耽误不了。

二姥姥给车价还按着老规矩，多一个铜子不给。这几年了，她不大出门，所以现在拉车的三毛两毛向她要，不是车价高了，是欺侮她年老走不动。她偏要走一个给他们瞧瞧。她确是有志向前迈步，不过脚是向前向后，连她自己也不准知道。四姨倒是能走，可惜为看电影特意换上高底鞋，似乎非扶着点什么不敢抬脚，她过去搀着二姥姥。要是跌倒的话，这二位一定是一齐倒下。

三点一刻到了电影院，电影已经开映。这当然是电影院不对；二姐实在觉得有骂一顿街的必要，可是没骂出来，她有时候也很能“文明”一气。

既来之则安之，打了票。一进门，小顺便不干了，黑的地方有红眼鬼，无论如何不能进去。二姥姥一看里面黑洞洞，以为天已经黑了，想起来睡觉的舒服；她主张带小顺回家。谁不知道二姥姥已经是土埋了半截的人，不看回有声电影，将来见阎王的时候要是盘问这一层呢？大家开了家庭会议，不行，二姥姥是不能走的。至于小顺，买几块糖好了，吃糖自然便看不见红眼鬼了。事情便这样解决了。四姨搀着二姥姥，三舅妈拉着小顺，二姐招呼着小秃和四狗子。看座的过来招待，可是大家各自为政地找座儿，忽前忽后，忽左忽右，离而复散，分而复合，主张不一，而又愿坐在一块儿。直落得二姐口干舌燥，二姥姥连喘带嗽，四狗子咆哮如雷，看座的满头是汗。观众们全忘了看电影，一齐恶声地“吃——”，但是压不下去二姐的指挥口令。二姐在公共场所说话特别响亮，要不怎样是“外场”人呢。

直到看座的电筒中的电已使净，大家才一狠心找到了座。不过，总不能忘了谦恭呀，况且是在公共场所。二姥姥年高有德，当然往里坐。可是四姨是姑奶奶呀；而二姐是姐姐兼主人；而三舅妈到底是媳妇；而小顺子等是孩子；一部伦理从何处说起？大家打架似的推让，把前后左右的观众都感化得直叫老天爷。好容易一齐坐下，可是糖还没买呢！二姐喊卖糖的，真喊得有劲，连卖票的都进来了，以为是卖糖的杀了人。

糖买过了，二姥姥想起一桩大事——还没咳嗽呢。二姥姥一阵咳嗽，惹起二姐的孝心，与四姨三舅妈说起二姥姥的后事来。老人家像二姥姥这样的，是不怕儿女当面讲论自己的后事，而且乐意参加些意见，如“别的都是小事，我就是要个金九连环。也别忘了糊一对童儿！”这一说起来，还有完吗？说也奇怪，越是在戏馆电影场里，家事越显着复杂。大家刚说到热闹的地方，忽，电灯亮了，人们全往外走，二姐喊卖瓜子的；说起家务要不吃瓜子便不够派儿。看座的过来了：“这场完了，晚场八点才开呢。”

只好走吧。一直到二姥姥睡了觉，二姐才想起问：“有声电影到底怎么说来着？”三舅妈想了想：“管它呢，反正我没听见。”还是四姨细心，说看见一个洋鬼子吸烟，还从鼻子里冒烟呢，“鼻子冒烟，和真的一样，你就说！”大家都赞叹不已。

（有删改）

考题：小说运用多种手法以取得语言的幽默效果，请从文中举出三处手法不同的例子，并简要分析。

参考答案：

①如“知之为知之，不知为知之”，或“一部伦理从何处说起”，借用并改换了经典语句，以造成幽默效果；②如出门时二姥姥找眼镜、三舅妈找纽子、四狗子洗脸，同一行为模式重复多次，产生喜剧效果；③如“既来之则安之，打了票”，或“忽前忽后，忽左忽右，离而复散，分而复合，主张不一，而又愿坐在一块儿”，将书面语与口语混搭，庄谐并出；④如“直落得二姐口干舌燥，二姥姥连喘带嗽，四狗子咆哮如雷，看座的满头是汗”，使用了排比手法描写人物窘态，带有打油诗的诙谐意味；⑤如二姐等人打架似的推让座位，“把前后左右的观众都感化得直叫老天爷”，把抱怨说成“感化”，反话正说，既讽刺又幽默；⑥如二姐喊叫卖糖的，声音之大令人“以为是卖糖的杀了人”，这种夸张令人忍俊不禁。

毋庸讳言，阅读这个文本时，幽默感会扑面而来，但要对这种幽默的风格特征进行分析，就要从文本形式中作者个性化的语言运用和文本内容中作者典型化的细节描写着手，二者共同营造了幽默的艺术风格。语言方面主要表现为创造性的词语运用、句式组合和多种修辞手法的灵活运用等，细节方面如二姥姥找眼镜、三舅妈找钮子、四狗子洗脸、集体找小秃、四姨搀二姥姥、在电影院开家庭会议、找座和让座、买糖和买瓜子等。

参考答案存在内容交叉重复、第②点表意不明等不足。总体上说来，答案中的6点如果能按照形式中的语言运用、内容中的情节塑造做一下整合，思路和表达都会顺畅很多。

事实上，当一个文本的风格特征比较突出的时候，往往会成为考查点。前章引用的2017年新课标Ⅱ卷的文学类文本《我们的裁缝店》就针对风格设题考查：本文的语言充满生活气息，请结合全文对此加以赏析。

参考答案：

①语言生活化、口语化，亲切自然；②人物对话有地域特点，鲜活真实；③整体上形成了明快风趣的语言风格，率真不做作。

同样，如果按照文本形式中的语言运用特征、内容中的人物形象塑造和故事情节呈现做一下整合，思路和表达都会顺畅很多，答案会精准很多，对阅读素养测评的科学性和阅读能力提升路径的有序性建设也会更有效用。

和阅读积累相同，阅读活动也应该根据不同年龄阅读者大脑发育、心理成长及其认知特点进行分级，分级阅读活动同样也应该从内容、主旨、形式三方面进行读物文本的选择和确定、阅读的指导和推进，从而助力于阅读者的大脑发育、思维发展和生命实现。

经典文本（基础型和创造型）			
学习阶段	内容	主旨	形式
学前			
小低			
小高			
初中			
高中			
成人			

第五章

阅读转化

阅读转化是在阅读积累和阅读活动基础上，基于文本“内容”“主旨”和“形式”三要素文本图式，通过关联性拓展一步步建构起来的，包括“三思”结构化迁移、“三力”整体性和“三真”创造性表达在内的阅读素养。

从阅读者的认知发展和能力提升来看，阅读积累的关键词是“记忆”，阅读活动的关键词是“分析”，而阅读转化的关键词是“创造”，这是一个从知识到能力再到素养的发展过程。在阅读转化层级，三级文本指标和三级活动指标基本一致，因为文本建构的底层逻辑正是其作者的创造力，而读者的阅读素养实现，就是要把自己从读者变成作者，从接受者变成创造者。

正如指向阅读素养提升的阅读积累应该基于文本要素和文本图式，涵盖内容积累、主旨积累和形式积累三方面，指向阅读素养提升的阅读转化在关联性拓展这一指标上也应该基于文本要素和文本图式，涵盖内容关联、主旨关联和形式关联三方面，并最终转向基于文本创造底层逻辑的结构性转化、整体性提升和创造性表达。由此，阅读转化指标体系如下表所示：

阅读转化指标体系表

一级指标	二级指标	三级指标				
		文体表征	阅读活动			
			关联性拓展	结构化迁移	整体性提升	创造性建构
阅读转化（素养）（创造）	内容创造	三联拓展：内容				
		三思迁移：思维				
		三力提升：感受力				
		三真表达：真情				
	主旨创造	三联拓展：主旨				
		三思迁移：思想				
		三力提升：判断力				
		三真表达：真理				
	形式创造	三联拓展：形式				
		三思迁移：思路				
		三力提升：表达力				
		三真表达：真知				

一、内容创造

阅读转化阶段内容创造的实质是发掘、储备和呈现有生命力的、有价值的材料，使其成为文本建构的基础。所谓“巧妇难为无米之炊”，文本内容便是“米”，需要发掘、储备和呈现。而前述阅读积累和阅读活动，可以为我们文本建构中的内容创造提供材料，但更应该为我们文本建构中的内容创造提供底层逻辑支持、生命力和创造力支持。

正如阅读积累阶段的情境应用是从理解记忆和关联记忆开始的，阅读转化阶段的内容创造也是基于阅读活动阶段的内容理解，从关联性内容拓展到结构化“思维”迁移，然后再到整体性“感受力”提升，最后落实到创造性“真情”建构与表达上。

总体上说来，阅读转化中的内容创造指标主要包括以下测评标准：

（一）能够找到不同文本间的内容关联，实现内容关联跨文本拓展，并能够基于文本三要素图式分析异同、评价优劣。

（二）能够发现内容创造的底层逻辑，并且实现结构化“思维”迁移。

（三）能够打通内容创造的取材通道，并且实现整体性“感受力”提升。

（四）能够建构内容创造的前提，并且在“和生活相与”人生态度的支持下实现创造性“真情”建构与表达。

前一章所引文本《到梨花屯去》和下面的文本《幸福》同为农村题材的小说文本，在内容上存在关联，下面我们基于两个文本的内容关联对两个文本进行比较阅读，以此为例进行具体阐释。

幸　福

陈忠实

从外面回来，门上贴着一张小纸条儿：“叔，我爷叫你星期日到我家来。一定要来。”署名是“幸福”。

幸福，是房东家的孩子，我前后两次在小杨村驻队，都住在他家。

周日，我去了小杨村。那幢熟识的砖腿门楼下，搭着席棚，喜庆的气氛洋溢在小院的空气里——是给幸福订媳妇吧？

房东杨大叔跑出来，瘦长条脸上的每一条皱纹里，都流动着欢悦的浪花，说："咱幸福考上大学[1]咧！"

"叔！"幸福脸上泛着红晕，腼腆地笑着，悄声抱怨说，"你看我爷张罗……"

瞧着爷孙俩快活的神色，我却追寻起记忆中幸福的影子。

四年前，我来到小杨村，队长宝全把我安顿在幸福家。前年，我又来到这里。那天，幸福奶走出来，拍打着衣襟，慈祥地笑着。

"幸福呢？"我问。

"吆车送菜去了。"大婶喜悦的眼光里掠过一丝不易察觉的难受神色。

"他怎么会吆车？"我不由一愣。

记得我头一次住进这个家，十五六岁的幸福正读中学，长得细条条个儿，见了我，羞怯地低着头，跑到他住的厦房里去。

我住在厦房南间，和幸福是隔墙邻居，住过半个多月，幸福从来没有跷过我的门槛。

一天，他却破例走进我的房子。顺炕站着，问我："你过去念过的中学课本还在不在？"

"唔，说不定。"我毫无准备，又怕他失望，"大约还在，不会全的……"

"你礼拜天回去，给我捎来。"他说，"听说老课本深，我想试试。"

我找了几本残存的数理书，带给幸福。之后的夜晚，总看见邻居窗上亮着灯光。

期间，我常常听见村里人说到幸福的聪明，我半信半疑，直到看见一个景象。

是个星期天，队里要分当月的粮食，会计把幸福叫走了。仓库门口，中年会计坐在桌子旁，一手提着笔，一手打算盘。幸福坐在会计旁边，袖着的双手搭在桌沿上。会计念过一户的人数（按五级定量，人数折合后有整有零），就急忙拨拉算盘珠儿。幸福薄薄的嘴唇嚅嗫一下，侧过脸报出一个数字。会计和他算盘珠儿的数字对照，没错，就给过磅的社员大声呼报……

他怎么会赶大车呢？他那细条条个头儿，比姑娘还腼腆、还柔静的样子，说话像蚊子一样的细声，怎样呵斥、驾驶那些活蹦乱跳的骡马二骡子呢？

“这娃野了！谁也管不下！”大婶烦怨地说。

这天晚上开完会，我和宝全队长搭伴走。半圆的月亮贴在南塬上空灰蓝的天上，朦朦月光洒在街巷里，一股淡淡的香味弥漫在清冷的空气中。宝全霎霎鼻子，哈哈笑着转过头，说：“这几个崽娃子，又煮狗肉哩！你闻，多香！走！”

我未必想吃狗肉，却被一种好奇心驱使着，跟着宝全走进一个独庄孤园门。瞧见靠墙的一张方桌上，摆着一只大瓷盆，几个青年围着桌子，撕嚼着狗肉，大声笑着，看见宝全，并不畏怯，嘻嘻笑着：“队长，算你运气好，还有一条腿……”我却一眼瞅见靠墙坐着的幸福，心里一震。

幸福侧身对着我，低着头。我叫了一声，他“嗯”了一下，并不看我。短暂的难堪之后，幸福又伸手撕下一块狗肉，轻狂地笑着。他的眼里、腼腆、羞怯甚至有点像女孩子般妩媚的神色早已褪净，一股野气在那长长的黑睫毛上浮游，头发蓬乱，衣裤邋遢。这哪是我记忆中的幸福！

我和幸福一路回来。一进门，他懒散地靠在被卷上，很疲惫，很烦厌，似乎希望我快点走开。我偏做出一副下榻的姿式，用时间和忍耐，终于打开了幸福的嘴巴……

幸福，出生在筹办农业社的热火年月里，受了半辈子苦的爷爷，给新生的孙子起了个带着时代色彩的名字——幸福。

幸福在农业社的菜园里长大。及至坐到高中班的教室时，他对数理课发生了难以遏止的兴趣。毕业回到村里，他干活踏实，宝全队长常常指定他负责某一项少数人做的单线活路；更不用说，会计拉他去清理工分账和现金账，电工点名叫他去拉下手，幸福简直成了个小能人。不久，幸福进了科研站，他的心全被蔬菜栽培上严格的技术措施和有趣的生态现象迷住了！

眨眼到了春天，试验站采取新式育苗法取得成功，县里在小杨村召开现场会，却批评说科研站只搞业务，是修正主义的科研路线……

一年一度的大学招生开始，经过繁杂的形式，定下了幸福。但是第二天又传出确凿的消息：不是幸福。

幸福在科研站小小的土围墙里呆不住了，赶大车去了。三挂马车，六个青年，进城送菜拉稀粪，夜晚杀狗聚餐，打拳练武……

杨大叔和大婶只怕孙孙变瞎了，自己劝，把亲戚友人请来劝，全没有效果。

……

一阵胡弦响，我回头，和幸福赶大车、嚼狗肉的几个青年走进院子，提着板胡，拿着鞭鼓、梆子。他们看见我，嘻嘻哈哈说："啊呀，你鼻子真灵！从城里也闻见这儿的香味咧？"

"我闻见狗肉咧！"

"你闻不见了，'狗肉铺子'关门啰！"

一庭院的男女老少哄笑起来。

鞭鼓急雨般敲打起来，梆子砸出清脆的响声，二胡手在调弦……

好！听小杨村自乐班的乱弹吧！

1979年4月

（有删改）

［注］1977年冬中断十年的中国高考制度恢复。

《到梨花屯去》和《幸福》两个文本不仅在内容题材上有关联，而且在文本主旨上也有深刻关联，在艺术技巧上都是通过城里人的视角来看待农村的变化。我们可以内容、主旨、形式三个文本要素为观测点，对两个文本比较如下：

文本	内容	主旨	形式	总体评价
《到梨花屯去》	梨花屯的一条沟；两个城里人与一个农村人。	注重实效，勇于担责，满足人民群众对美好生活的向往。	第三人称叙述； 开头总起； 通过人物对话呈现过去，通过人物行为展示现在； 景物描写； ……	
《幸福》	小杨村的一个人；一个城里人与一家农村人。	营造有利于人才成长和梦想实现的环境，满足人民群众对美好生活的向往。	第一人称叙述； 通过人物回忆呈现过去，通过人物行为展示现在； ……	

关联性拓展是文本内容创造的第一步，接下来还需要经过结构化迁移和整体性提升，才能实现创造性建构和表达。

文本内容创造的底层逻辑是思维活动，是以形象思维和逻辑思维为基础的辩证思维和创造思维活动，是对什么样的材料才能有效表达主体的思想认知和情感态度这一基本问题的创造性回应。

文本内容创造的前提是丰富的材料储备，而材料储备的关键不仅仅是阅读积累，而应该是打通自己与生活之间的取材通道，打通的关键在于主体的感受力。

文本内容创造的落点在于真情，表达真情和真情表达，是内容创造是否具有生命力、是否具有价值的关键。

“以真情处世，和生活相与”，文本内容创造的关键就在取材和用材上，真情、感受力和思维是内容创造的秘密。

二、主旨创造

阅读转化阶段主旨创造的实质是表达有生命力的、有价值的思想认知和情感态度，使其成为文本建构的灵魂。所谓“意犹帅也，无帅之兵，谓之乌合”。文本主旨便是“帅”，一个有生命力的、有价值的文本应该有统帅兵卒的“帅”。同样，前述阅读积累和阅读活动，可以为我们文本建构中的主旨创造提供资源，但更应该为我们文本建构中的主旨创造提供底层逻辑支持、生命力和创造力支持。

正如阅读积累阶段的主旨积累包括思想认知资源积累和情感态度资源积累，阅读转化阶段的主旨创造也包括思想层面的创造性认知和情感层面的创造性态度，这是一个基于阅读活动阶段的主旨探究，从关联性主旨拓展到结构化“思想”迁移，然后再到整体性“判断力”提升，最后落实到创造性“真理”建构与表达的过程。

总体上说来，阅读转化中的主旨创造指标主要包括以下测评标准：

（一）能够找到不同文本间的主旨关联，实现主旨关联跨文本拓展，并能够分析异同、评价优劣。

（二）能够发现主旨创造的底层逻辑，并且实现结构化“思想”迁移。

（三）能够打通主旨创造的取材通道，并且实现整体性“判断力”提升。

（四）能够建构主旨创造的前提，并且在“和世俗相对”人生态度的支持下实现创造性“真理”建构与表达。

上文中《到梨花屯去》和《幸福》两个文本的主旨指向，都是人的状况和文化的状况，通过对这两种状况的典型化提炼和形象化表达，让读者思考人的理想状态和文化的理想状态应该是怎样的。前章所引文本《窗子以外》和《老王》在主旨上也有深刻关联，都指向对社会阶层的反思。

前章所引文本《鸟儿中的理想主义》和《一只特立独行的猪》都是动物题材作品，在内容上也有所关联，更重要的是，二者在主旨上有深刻关联，因为作者笔下的鸟儿和猪象征的都是人，作者的立意都在于自主决定自己的生活，但后者比前者更深刻，因为后者揭示了普遍的人的状况和文化的状况。下面的《一只羊其实怎样》也是一篇动物题材散文作品，但其主旨就和《鸟儿中的理想主义》《一只特立独行的猪》有所不同。

一只羊其实怎样

杨瑞霞

在我七八岁的时候，家里有过一只羊，是一只绵羊。

它肯定是在很小的时候被买来的，可我完全不记得它小时的样子，在我的印象里它是一只很大的羊。它健壮，肥硕，高傲，沉稳，一副成年人的模样。在我小的时候，我分不清一个人和一只羊有什么本质上的不同。我把它当成是家里的一口人，而且是一个大人。当时粮食很紧张，父亲42元钱的工资，养活全家6口人。在这种情况下，一只羊能长成那样的特例，除了一家人，当然包括羊在内的相濡以沫之外，似乎不可能再有别的什么解释了。总之，那只羊是在那样一个错误的环境下长大，结果便是它也跟着犯了一个更大的错误，它从来就没把自己当成是一只羊。

对于我们中间一些不曾亲自与羊一起生活过的人们，关于羊的认识，往往来自于听到的童话。在那个世界里，羊永远是弱势群体，它所代表的特性是柔弱，善良，逆来顺受且又无话可说。而我家的这只羊，在我的思维定式尚未形成时走近了我，我没有那些现有的经验，所以我觉得它所有的作为都浑然天成，非常自然。

首先，它决不逆来顺受。当然，如果确实是它错了，它会沉默着听你教训，可是如果错的是你，是你无缘无故地欺负了它，它不会善罢甘休，用现在的话说，它是一定要讨个说法的。记得有一次，我二哥牵着它去地里吃草，二哥当时的思维还沉浸在头天晚上看的电影《地雷战》里，他捡了一根棍子，叉开腿对羊做了一个日本鬼子劈刺刀的动作，同时喊了一声“八格亚鲁”，他太轻视了一只羊有可能对这个动作做出的反应。绵羊当时发了一下怔，不知它头天晚上是不是也和二哥一起看了那场电影，反正它当即判断出了这个动作所具有的侮辱性质，它把头一低，义无反顾地冲了上去，二哥见它来势凶猛，吓得转身就跑，它在后面奋力直追，一直追出三四里地，最后二哥向它举手投降，它才和二哥和好。

还有一次，邻居家的小伙子在手心里放了很小的一点干粮渣，然后非常夸张地招呼它，它不想辜负别人的好意，走了过去，等它弄明白发生的事情。它选择了轻蔑地离开，在离开的过程中却又出乎意料地转身给了正在得意的那人一个教训，使他记住了捉弄一只羊会得到什么样的报应。

同样它的行为也导致了围观者的一片大惊小怪。是呀，一只羊怎么可以有这么强的自尊心呢，那个时代人都学会了夹着尾巴做人，一只羊怎么可以这么张扬自己的个性呢。

其实这只羊让人觉得它不像一只羊，不仅仅是它的个性。在一个风雪交加的夜晚，一向沉默的它突然放声大叫，低沉的声音表达着一种焦虑，父亲出门一看原来大风吹开了院门，家里刚买的半大山羊跑出了院子。是大绵羊的警觉使家里避免了一笔不小的损失。所以你同样也没见过会看家的羊吧。

另外还有它的聪明，它的聪明不但让幼时的我觉得非常神秘，即使到今天，我还感觉到几分诡异。有天中午，我妈有事出去，把羊关进了羊栏，还在羊的出口处挡了一块菜板，把我关进了屋里，然后锁上了院门。和羊单独相处的时候，我从不敢擅自到它跟前去，所以我一个下午没有出屋，后来大概羊和我一样等得不耐烦了，要不就是它想知道我一个人在屋里做些什么，只听哐啷一声，羊抵碎了菜板自己把自己放出来了。然后它直奔房门，用头一下下撞门，我知道它是过来找我了，我当时的反应是赶紧找个地方藏起来，于是我撩起床单，钻到了床下。过了一会儿，听不到撞门声了，我从床下探出脑袋朝外张望，忽然看见大绵羊正把前腿搭在外面窗台上，伸着头朝屋里张望，可能是它的脸太长了，影响了视线，它竟然把头侧过去，用一只眼紧贴窗玻璃，所以它的姿势和表情看上去都格外地怪诞。我在这只羊的窥视下绝望地哭了起来。

当初买这只羊，肯定是要养大后卖掉补贴家用的，可它的种种不同凡响，让它一次次拖延了离家的时间，然而一只羊的最后结局总难摆脱，那是它的宿命。而对于我来说，与它相处的经历，则是一种缘分。我想，如果有一天，我碰到一只羊，它非常体面地走过来，用流利的汉语或者英语同我打招呼，我会很自然地同它交谈，而且一点都不会觉得奇怪。因为我已经知道了，一只羊其实是怎样的。

文本中的这只羊尽管与众不同，但它并没有抵抗被安排的生活，甚至还帮助主人“看家”，最后它也没有逃出被人屠宰的“宿命”。在这里，作者没有把人与羊的生活作比较，更没有托“羊”言志，所以文本想要强调的只是人（可扩展到文化）应该如何对待一只羊（可扩展到所有动物）的主题。

同样，关联性拓展是文本主旨创造的第一步，接下来还需要经过结构化迁移和整体性提升，才能实现创造性建构与表达。

文本主旨创造的底层逻辑是思想活动和情感活动；文本主旨创造的前提是丰富的思想体验活动和情感体验活动，活动的关键不仅仅是阅读积累，而应该是提升自己的思维水平，打通自己与生活之间的感受通道，从而形成主体的价值观和判断力；文本内容创造的落点在于真理，对真理的追求和表达，是文本主旨创造是否具有生命力、是否具有价值的关键。

“以真理化人，和世俗相对”，文本主旨创造的关键在于主体的价值观，真理、判断力和思想是主旨创造的秘密。

三、形式创造

正如阅读积累阶段的情境应用是从理解记忆和关联记忆开始的，阅读转化阶段的形式创造也是基于阅读活动阶段的形式鉴赏，从关联性形式拓展到结构化“思路”迁移，然后再到整体性“表达力”提升，最后落实到规范性和创造性“真知”建构与表达上。

总体上说来，阅读转化中的形式创造指标主要包括以下测评标准：

（一）能够找到不同文本间的形式关联，实现形式关联跨文本拓展，并能够分析异同、评价优劣。

（二）能够发现形式创造的底层逻辑，并且实现结构化“思路”迁移。

（三）能够把握形式创造的规律，在对知识的灵活和综合运用中实现整体性“表达力”提升。

（四）能够夯实形式创造的基础，并且在“和语言相亲”人生态度的支持下实现创造性“真知”建构与表达。

我们以第四章所引文本《理水》和后面的《我的第一个上级》为例，阐释如何通过关联性拓展通向结构化迁移、整体性提升和创造性表达。

我的第一个上级

马　烽

去年夏天，我被分配到县防汛指挥部工作，农建局田副局长是我们的领导。他走路总是低着头，背着手，慢慢地迈着八字步；讲话也是少气无力，好像什么事都不能使他激动。

我来的第九天夜里，山洪暴发了，接到电话，我一口气跑到农建局，撞开田副局长的房门："老田，永安河发洪水！安乐庄决口了！"他一只手支起半个身子问道："安乐庄什么地方决口了？"我说："在汽车路东。"他听完，竟又躺下了，不紧不慢地说："没甚要紧。"我又急又气："你知道有多么大流量？一百多个！""那更没办法！"

"三岔河也发洪了！"小秦急慌跑进来。他的话音刚落，老田就像中了电似的"呼"一下坐了起来问道："多大流量？"小秦说："水漫到龙王庙背后了。"老田说："那至少有九十个。"他一面急忙穿衣服，一面说："赶快通知海门村、田家庄，全体上堤，快！"

我跑回办公室刚把电话打完，老田就大踏步跑进来，抓起电话："马上接杜村，上舍……听着，把三支渠的闸拔开一孔……什么？已经全拔开了？我就怕你们来这么一手，马上闸住两孔……"他放下这个耳机，马上又抓起另一个，详细地指示：要防守哪段河堤，开哪个支渠闸，闭哪个支渠闸……我忙把河流渠道图铺在他面前的桌子上。他根本没看一眼，继续讲他的。

老田打完电话，回头对我说："咱俩到海门去，恐怕那里南堤要出问题。"在车上，我问他，两条河都发了洪水，安乐庄还决了口，一点都不着急；而三岔河只有九十多个流量，为什么就急成那个样子？他说："永安河坡度大，洪水来源少。别看来势猛，顶多四个钟头水就退了；再说，汽车路东种的都是高秆作物，过一下水也淹不死。三岔河不一样，洪水来源多，同时愈往下游坡度愈小。你想想，水量大，泄洪慢，这不要命？"

下了车，他走得飞快，我气喘吁吁地跟着他奔跑。爬上南堤的时候，只见河里的水已经没到平台上来了。走到了防汛指挥部。老田扫了一眼说："怎么老姜头没来？""刚才觉得不要紧，就没叫他。"老田生气地说："不怕一万，只怕万一。马上把他请来。"不多一会，有人扶着个白胡子老汉进来了，是堵决口的行家老姜头。

过了一会儿，堤坝决口了。堤上灯火通明，人们奔跑着，喊叫着，来来往往运送沙袋。老姜头吆着号子，指挥人们打桩；老田领着一些人填沙袋。决口慢慢在缩小，夜里三点多钟，眼看很快就可合拢了。可这时水更猛更急。木桩刚打下去一半，就被冲走了。

老姜头哆嗦着爬上堤堰，气喘吁吁地对老田说："堵不住啦！我是没有这个本事了！"老田对老姜头吼道："非堵住不可！要真的决了口，南边这七个村，都得灌了老鼠窝！你再胡说八道惑乱人心，我先把你填到水里！"

老田一面叫喊赶快往前运沙袋、木桩，一面转身向众人喊道："会水的，跟着我来！"只听人群中说："老田下水了！""咱们还愣着干吗？"马上就有五六个壮小伙子跑到他身边，接着又跑出来几个……老田领着头下水了，拉着长长的队伍往前走，湍急的河水冲得人们东倒西歪，人们仍然不顾一切地往前走。乡党委翟书记挽着一串人在对面下到河里，挣扎着往这边移动。老田和翟书记一次又一次想靠拢拉起手来，但一次又一次被巨浪打开了。堤上的人都急得要命，都替他们提心吊胆。

蹲在地上的老姜头，猛一下站了起来，向堤上的人喊道："快！抬一根长电线杆来！"电线杆很快抬来了，老田和翟书记靠着电线杆，终于挽到一起了。水里的人也都一个个紧挨着，靠在了电线杆上。这时，堤上又有很多人呼喊着手挽着手下到水里。转眼间，决口上就排满了一层又一层的人，结成了一条冲不断的堤。

大股的洪水终于被拦住了。可是风浪也更加凶猛起来。一个巨浪接着一个巨浪，照他们劈头盖顶反扑。当巨浪扑上来的时候，所有的人都被吞没了；当巨浪退下去的时候，无数的头才又露出水面……岸上的人们继续打桩，填沙袋。决口逐渐在缩小，沙袋堤逐渐在增高……

黎明时候，决口终于合拢了。人们欢呼起来，水里的人叫喊着爬上堤岸。大家七手八脚把老田拉上堤岸。他两条腿弯曲得像两张弓，鼻子里只有一点微弱的气息。老姜头含着两眶热泪，脱下自己的夹袄，轻轻地盖在老田身上。

过了半个多小时，老田渐渐缓过气来了，慢慢睁开眼看着老姜头说道："大叔，我骂你了，我……"老姜头哭着说："孩子，别说这话，你骂得对……"

两个月之后，老田出院了，步子迈得更慢了，背更驼了。后来我才知道，他有关节炎，腿常年疼得要命。那还是1954年秋天，他淋着雨渡着水指挥各村防汛排涝，一连在水里泡了七天七夜，从此落下了这病。

（选自《人民文学》1959年第6期。有删改）

《理水》和《我的第一个上级》在内容上都是治水题材，都塑造了心系百姓、恪尽职守的治水英雄形象；从形式上来看，两个文本也都是在与其他人的对比和衬托下塑造主要人物形象。在关联中寻找区分，是阅读分析活动中非常重要的一步，这是一个在对两个文本细致深入的比较中进行的分析活动：

从人物的身份和社会地位上看，《理水》写的是部落首领、开国之君和他的随员们，《我的第一个上级》写的是基层干部。两个文本对其主要人物形象都作了符合其身份的塑造。

从情节和环境来看，《理水》把笔墨集中在水利局的筵宴上，在对峙和冲突中对人物形象进行集中的描写；《我的第一个上级》主要写了治水现场（海门村）和抢险过程，不仅呈现了时间的进程，还有“我”对主要人物田副局长的认识变化，以及治水当晚从田副局长的住处到办公室再到海门村抗洪现场的场景变化。正因为这样的变化，文中较多运用叙述的表达方式进行交代。

从表达方式中的叙述视角来看，《理水》为第三人称叙述视角，这是一个全知全能的叙述视角；《我的第一个上级》用第一人称的叙事视角展开故事，通过我的认知变化对主要人物有一个先抑后扬的评价；从叙述的结构安排上，最后有一部分补叙的内容。

从表达方式中的人物正面描写来看，《我的第一个上级》对人物外形的描写主要集中在神态上，《理水》则多外貌和服饰描写；《我的第一个上级》和《理水》都有对人物的语言和动作描写，不过《理水》多了心理活动描写。相比较而言，《理水》因为有外貌和服饰描写，形象更为鲜活，又因为有心理描写，开掘也就深入一些。

从表达方式中的人物侧面描写来看，《我的第一个上级》虽有对比（“我”和老田的对比、老田对灾情态度的对比、老姜头和老田的对比、老田对老姜头前后态度的对比……），但更多为衬托。《理水》则主要为对比，正面人物形象和反面人物形象的对立和对比非常突出。

其他方面，两个作品都长于场面描写，《我的第一个上级》写抢险救灾的场面，《理水》写筵宴场面。《我的第一个上级》还运用了先抑后扬的艺术手法等。

通过对两个文本人物塑造中描写的比较分析，读者通过关联性拓展对描写这一表达方式及其运用会有更深的认识。

同样，关联性拓展是文本形式创造的第一步，接下来还需要经过结构化迁移和整体性提升，才能实现创造性表达。

文本形式创造的底层逻辑是知识运用和结构安排的思路；文本形式创造的前提是尽可能完备的知识积累和尽可能科学的文本读写实践，并最终形成主体的表达力；文本形式创造的落点在于真知，对真知的追求、建构和表达，是形式创造是否具有生命力、是否具有价值的关键。

“以真知修身，和语言相亲”，文本形式创造的关键在于主体的语文知识，真知、表达力和思路是形式创造的秘密。

以上对文本内容创造、主旨创造和形式创造的秘密进行了分述，但文本是一个整体，而所有的秘密也都藏在文本之中，当我们成为优秀的阅读者，这些秘密就会向我们开出美丽的花朵，并且引导我们走上创作者的道路。以文化人，以文成人，这就是我们从阅读中所能收获的，也是阅读素养所应该包含的。

以文化人歌

王惠

读文先梳理，解开结千千，层次分得清，关联重在三。
学文要鉴赏，得意勿忘言，知识明辨识，效用细品判。
创文靠探究，看见不可见，此中有真意，意在高深远。
迁移是原则，超越这一篇，活动三思提，化育三力显。

另外，基于文本三要素的整体性和文本图式的重要性，阅读转化层级的测评标准也可以按照阅读活动的四阶段——关联性拓展、结构化迁移、整体性提升和创造性建构进行设计，以便更好地建构以文本为中心的中文阅读素养指标与阅读成长路径，体现以文化人的阅读功能和从读者到作者的阅读进阶。

文本要素	关联性拓展	结构化迁移（三思）	整体性提升（三力）	创造性建构（三真）
内容		思维	感受力	以真情处世，和生活相与
主旨		思想	判断力	以真理化人，和世俗相对
形式		思路	表达力	以真知修身，和语言相亲

和阅读积累、阅读活动相同，阅读转化也应该根据不同年龄阅读者大脑发育、心理成长及其认知特点进行分级，分级阅读转化同样也应该从内容、主旨、形式三方面进行评价和指导。不同于阅读积累和阅读活动的是，阅读转化除了落实由经典文本承载和体现的学科认知情境之外，还应加入创造者的社会生活情境和个人体验情境。阅读转化要处理好图式与其变式、规律与其个性化表征的结合，从而助力于阅读者的大脑发育、思维发展和生命实现。

学习阶段	学科认知情境（经典文本）			社会生活情境	个人体验情境
	内容	主旨	形式		
学前					
小低					
小高					
初中					
高中					
成人					

第六章

促进阅读素养提升的语文学科教学改进

作为与文本密切相关的一种活动，人类的阅读行为由来已久，和文字的产生同步。人类阅读行为的目的各异，《如何阅读一本书》的作者将其概括为为获得资讯而读和为求得理解而读两种。[①]在很多人的认知中还有一种阅读目的是娱乐消遣，但以娱乐消遣为目的的阅读实际上可以纳入为获得资讯而读之中，因为让读者满足娱乐消遣目的的，当然是文本中的资讯。人类阅读行为的方式各样，电子时代的到来更是强化了这种多样性。但毫无疑问，阅读是促进知识传播和传承、促进人类发展和文明发展的最重要的行为和最有效的路径。

阅读素养正是在人们对阅读的重要性有了普遍的共识之后提出来的一个新概念，是人们对其功能和效用寄予很大希望的一个新概念。也正是因为其新，所以对其内涵和外延的界定都还有待进一步研究。PISA 2018的关注点在于获得和运用资讯，在《如何阅读一本书》相关研究的基础上，强调了对资讯的运用以及基于电子时代文本来源多样性而对资讯的真实性和有效性进行判断这一内容。资讯是文本的内容，而文本除了内容之外，还有主旨和形式要素，文本是一个个由内容、主旨和形式构成的整体，如果我们的阅读活动只为了获得资讯、判断资讯真假和运用资讯，显然没有获得文本的全部价值，也没有获得阅读的全部价值。

“为获得资讯而读”当然是必要的，文本内容确实也是文本显在和读者关注的第一要素；“为求得理解而读”更是重要的，因为这一目标立足于读者主体的成长，可以更好地发挥文本和阅读的效能，真正促进知识传播和传承、促进人类发展和文明发展。

---

① 莫提默·J. 艾德勒，查尔斯·范多伦. 如何阅读一本书［M］. 郝明义，朱衣，译. 北京：商务印书馆，2016：16.

但不管是“获得资讯”还是运用资讯，不管是“求得理解”还是增进理解，目前的阅读研究都没有基于文本的全部要素和阅读行为的全部过程及全部过程中的内在生命活动的不同而进行，所取得的成果都没能完全发挥文本和阅读的功效。笔者基于文本的内部要素和阅读的内在过程，以建构为目的对阅读素养进行了个性化界定，本书便是从这一概念出发对阅读素养指标体系和测评标准进行的建构和阐发。显然，阅读素养应该以充分发挥文本和阅读行为本身的价值为要，如此建构起来的指标体系和测评标准才是全面的、系统的，因而也是科学的。

众所周知，基础教育语文学科领域一直存在投入大产出低、效能不高的问题，笔者认为，这也和目前的很多研究都在文本和读写行为的外部发力有很大关系。语文学科是一门学习语言文字运用的学科，文本作为语言文字运用的成果，理应成为语文学科的核心要素，建构以文本为中心的语文课程与教学论也理应成为语文学界的共识。然而事实上，我们对文本内部、对阅读行为和写作行为内部的深度研究远远不够。如前所述，在由语言文字通向文本的过程中，语意决定了文本的字面意义，构成了文本的内容，而语用是文本形式的重要维度，显然，只关注文本内容、不关注文本形式的阅读无法落实语言文字运用这一教学出发点和语言文字运用能力提升这一教学目的，无法提升语文教学效能；同时，意义是我们运用语言文字的目的，而有些意义藏在文字的深处，只关注文本内容意义也就是字面意义、不关注文本主旨也就是深层意义的阅读无法帮助阅读者建构意义，因此也无法落实语言文字运用教学任务，无法提升语文教学效能。所以笔者常说：社会其他领域的人推广阅读，可以只涉及文本的内容，但语文学科领域的人推广阅读，一定要涉及文本的形式和主旨，一定要基于文本的整体性和阅读的深度而进行。

因为语文学科教学和阅读、写作之间的深刻关联，因为语文学科学业表现和阅读、写作表现之间的深刻关联，笔者对阅读素养概念及其指标体系和测评标准的研究对于语文学科教学有着很大的指导意义，建构以文本为中心的阅读素养提升路径和建构以文本为中心的语文课程与教学论在某种程度上实际上是同一条路，而中文阅读素养指标体系与测评标准这一研究成果完全可以支持和支撑语文学科走上有章法可依、有路径可循的专业化发展道路。

概而言之，基于中文阅读素养指标体系与测评标准这一研究成果，促进阅读素养提升的语文学科教学改进应该从以下几个方面进行：

一、指向文本大概念，建构知识图谱

以文本为中心开展语文教学与语文学习，实际上是目前的常态，但指向文本大概念的语文教学与语文学习，却并未真正建构起来，其具体的表现是每一个具体文本的学习都是以这个文本为终点。实际上，有效的阅读素养提升和语文学科素养提升都应该指向“文本”及其相关大概念。比如，很多老师让学生记住《朝花夕拾》原名《旧事重提》这一与阅读素养和语文素养无关的知识内容，正确的做法应该是：在“朝花夕拾”和“旧事重提”的语意和语用比较中落实语意呈现和语用知识，并且逐渐找到知识和知识之间的关系，建构起知识图谱。

语文学习需要在语用中积累，在语境中判断，语用和语境是一个个鲜活的文本提供的，但指向的却应该是文本大概念。文本中有语言五级单位（字、词、词组、句子、句群）的语意和语用（语法、修辞、逻辑）知识系统，文本中有三要素（内容、主旨、形式）和文体表征（信息性、文学性），这是以文本为中心的与文本相关的不同层级大概念。每一次文本读写活动，都应该引导学生落实文本大概念，在文本大概念体系中逐渐建构起自己的知识图谱。

要注意的是，在建构知识图谱的阅读过程中，因其语意的复杂性和语用的灵活性，经典文学文本具有最大的功效。

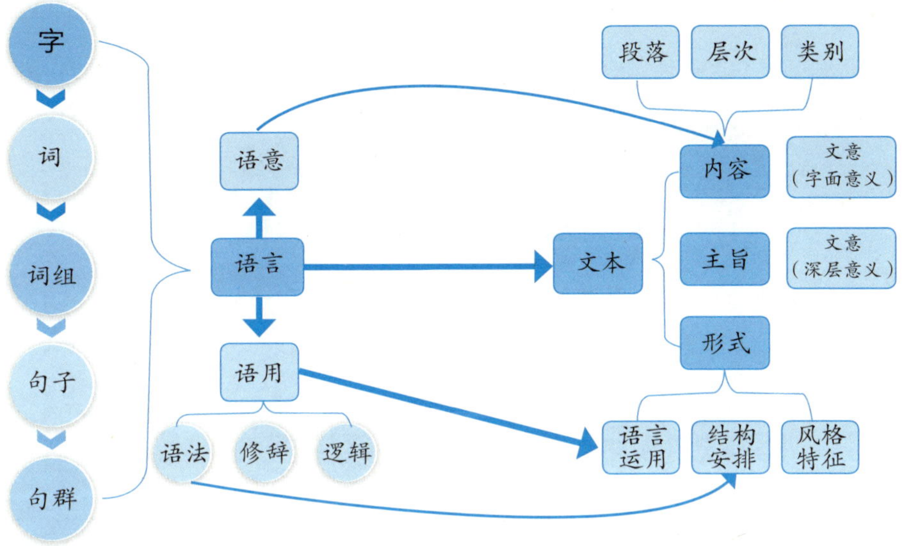

二、指向阅读大概念，建构思维图型

与文本一样，阅读也是一个大概念，在阅读领域，有很多指向阅读行为、与阅读行为有关的外部概念，比如阅读兴趣、阅读习惯、阅读方法、阅读策略，比如精读、泛读，再比如朗读、导读等等，但这些概念表现在阅读者的可见的行为特征上，与文本的关系不大或者不深，对阅读者内部认知活动的呈现也不清晰不明确。笔者认为，促进阅读素养提升的教学改进应该基于与文本关系深刻、促进阅读者内部提升的阅读大概念，建构思维图型，帮助阅读者明确什么是阅读，阅读有哪些环节和过程，分别和文本有什么关系，在这些环节和过程中思维和情感如何活动，思维和情感活动又是如何帮助读者和文本建立深度交互关系，同时建构自我，建构完整、健全、饱满的主体生命。

显然，这是一个学科认知情境（文本）、个人体验情境和社会生活情境相互整合和交互的过程，可以直接作用于阅读者的阅读素养提升和语文学科素养提升。

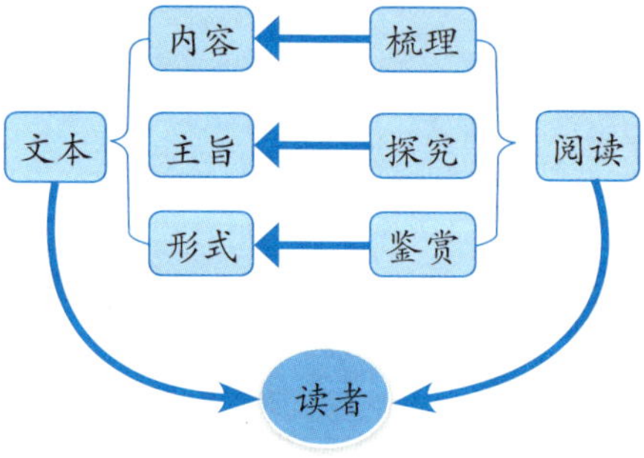

三、指向规律大概念，建构关系图式

无论文本还是阅读活动，都有其特定的原理和规律。正如叶圣陶先生所说，每一个文本都只是一个例子，与之相应，每一次阅读活动也都只是一个例子。促进阅读素养提升的教学改进应该是，在每一次针对某一个具体文本的阅读活动中，都需要引导阅读者探寻规律，包括语言运用和文本建构的规律、阅读活动的规律，从而在文本各要素及其文体表征、具体文本呈现之间建构起关系图式（思维导图），在阅读活动各环节及其内部活动之间建构起关系图式，在文本与阅读、每一个具体的文本和每一次具体的阅读活动之间建构起关系图式。

和很多其他民族的语言文字相比，中文（汉语）有着更加复杂的构成，也潜藏着培育阅读素养和提升语文素养的更大力量，期待本书对中文阅读素养指标体系与测评标准的研究，可以引发更多的关注和更大的投入，从而更好地助力于人才的养成和美好文化的建成。

后 记

从高等教育向基础教育转型，在很多人看来，我走了一条由高就低、降格以求的逆行之路，而现实中更多的人竭尽力量，是希望可以实现从低处向高处的人生进步。我却似乎并没有高处和低处的考量尺度，相反却因为发现和走上了一条“所学即学其所用，所用即用其所学”的道路而心存感恩，因为这是一条真正的读书人的逐梦之路。记得有一次和朋友谈及下一步工作计划和人生展望，我说希望可以踏踏实实沉潜下来，做出我们这一代语文人应该做出的成果，让下一代可以在我们的基础上继续开掘。朋友很诧异地问，为什么不是职称、不是级别、不是待遇？是啊，但我也不知道为什么不是，扪心自问，它们当然是重要的，但前者真的更为重要。

但既然是逆行之路，走起来就未必顺畅，好在心有所念行有所求，而所念所求足以支持每一位行者排除干扰，终于，在不管遇到什么困难都不松懈，不管遇到什么阻碍都不放弃，不管外面多么热闹自己都甘坐冷板凳的情况下，经过孜孜矻矻的坚持、焚膏继晷的努力，笔者从对“阅读素养”概念的重新界定出发，对其指标体系和测评要求进行了标准化和专业化建设。窃以为这是一件有意义的事情、一项有价值的成果，正如20多年前从“阅读调查”开启自己的学术研究一样。

“路虽远，行则将至；事虽难，做则必成。”作为一个从阅读中成长起来的学术工作者、教育工作者，我走得笃定而坚决。尽管所有的阅读者都是孤独的，但借用韩少功先生一部作品的名字《孤独中有无尽繁华》来表达，阅读本身便是对阅读者的回报；同样，所有的研究者都是寂寞的，但同样，研究本身便是对研究者的奖赏。

受认知水平、学术能力、研究视野等方面的限制，笔者的这一研究一定还存在很多问题，很多可以进一步斟酌和完善的地方，在此恳请方家、前辈、新锐多多指正！任何个人的力量都是有限的，令人欣慰的是，我们总是可以看见很多的同行者，尽管我们往往都忧心、都孑立、都茕茕，但就在彼此的不远处。

泰戈尔说：“天空中没有飞鸟的痕迹，但我已飞过。”我曾经在前一本学术著作的后记中写道：学术工作者发出的声音往往是微弱的，对此，学术工作者只能深表遗憾、徒呼奈何。当然，学术乃天下公器，我还是希望《中文阅读素养指标体系与测评标准》能够在大地上深深地留下与之匹配的痕迹，发挥与之匹配的效用，我亦将为此而努力！

附

中文阅读素养指标体系与测评标准

一、阅读积累

（一）内容积累

1．有序进行机械记忆、理解记忆、关联记忆、情境运用四大进阶的内容积累阅读活动，最终实现在情境中准确运用已经积累的经典文本语料和材料。

2．有效积累文本中的语言材料（包括字、词、词组、句子和句群五级，主要是词语和句子，即我们常说的“好词好句”），能对其语意和语用进行准确阐释和说明。

3．有效积累文本中的材料，并能对其意义和适用情境进行准确阐释和说明。

4．能够在文意的整体性和语意的关联性中对材料表意的典型性进行分析和阐释，并明确文本中材料的功能和文本中材料选择的要求。

（二）主旨积累

1．有序进行机械记忆、理解记忆、关联记忆、情境运用四大进阶的主旨积累阅读活动，最终实现在情境中准确运用已经积累的思想认知资源和情感态度资源。

2．有效积累文本主旨中的思想认知资源和情感态度资源，并能对其意义和适用情境进行准确阐释和说明。

3．有效积累文本主旨中的思想认知资源和情感态度资源，并且作用于自己的世界观、人生观和价值观建构。

4. 能够对文本主旨的价值进行评价和阐释，并且在文意的整体性和语意的关联性明确文本中主旨的功能和主旨对材料、对语言提出的要求。

（三）形式积累

1. 有序进行机械记忆、理解记忆、关联记忆、情境运用四大进阶的形式积累阅读活动，最终实现在情境中准确运用已经积累的经典文本形式技巧。

2. 有效积累文本中的语用知识（包括语法、修辞和逻辑），能对其用法和效能进行准确阐释和说明。

3. 有效积累文本中的语用技巧，并能对其用法、效能和适用情境进行准确阐释和说明。

4. 有效积累文本的结构范式，并能对其用法、效能和适用情境进行准确阐释和说明。

5. 有效积累文本的风格范式，并能对其用法、效能和适用情境进行准确阐释和说明。

6. 能够基于文意的整体性和语意的关联性对形式的特征和效能进行鉴别和赏析，并明确文本中形式的功能。

二、阅读活动

（一）内容理解

1. 词意理解

①有序进行梳理、分析、概括、评价、推断、情境运用六大进阶的内容理解阅读活动，取得准确的阶段性成果，其中准确概括和准确评价两大进阶是测评重点。

②在词语积累的基础上，基于文意的整体性和语意的关联性，对词语

内涵作出准确的判断和推断。词语的内涵需要在文本中确定，如果一个词语的意义在文本中没有发生不同于词典注释的变化，也需要关联文本对其内涵进行具体化的阐释；如果一个词语的意义在文本中发生了不同于词典注释的变化，那么，需要先发掘和界定其内涵，然后关联文本对其内涵进行具体化的阐释。

③基于文意的整体性和语意的关联性，对文本中词语的外延作出准确的判断。

④基于文意的整体性和语意的关联性，对文本中词语的感情色彩作出准确的判断。

2. 句意理解

①有序进行梳理、分析、概括、评价、推断、情境运用六大进阶的内容理解阅读活动，取得准确的阶段性成果，其中准确概括和准确评价两大进阶是测评重点。

②基于词意理解和句子的语法构成对句意作出准确的层次切分和语意关联。

③基于文意的整体性和语意的关联性，关联上下文对句意作出具体阐释。

3. 段意理解

①有序进行梳理、分析、概括、评价、推断、情境运用六大进阶的内容理解阅读活动，取得准确的阶段性成果，其中准确概括和准确评价两大进阶是测评重点。

②基于词意理解和句意理解对段落中的语意层级作出准确的切分和精准的概括。

③基于段落中的语意层级，基于文意的整体性和语意的关联性，对段落大意作出准确的概括。

4．层意理解

①有序进行梳理、分析、概括、评价、推断、情境运用六大进阶的内容理解阅读活动，取得准确的阶段性成果，其中准确概括和准确评价两大进阶是测评重点。

②基于词意和句意理解对不同层次作出准确的切分。

③能够基于文意的整体性和语意的关联性对不同层次的层意作出准确的概括。

④能够在上下文中对不同层次之间的语意关联作出准确的分析和具体的阐释。

5．类意理解

①有序进行梳理、分析、概括、评价、推断、情境运用六大进阶的内容理解阅读活动，取得准确的阶段性成果，其中准确概括和准确评价两大进阶是测评重点。

②基于词意理解、句意理解以及文体表征对不同类别作出准确的切分。

③能够基于文意的整体性和语意的关联性对不同类别的类意作出准确的概括。

④能够在上下文中对不同类型之间的语意关联作出准确的分析和具体的阐释。

6．文意理解

①有序进行梳理、分析、概括、评价、推断、情境运用六大进阶的内容理解阅读活动，取得准确的阶段性成果，其中准确概括和准确评价两大进阶是测评重点。

②基于词意和句意理解对不同段落、不同层次和不同类别作出准确的切分。

③能够基于文意的整体性和语意的关联性对不同段落的段意、不同层次的层意和不同类别的类意作出准确的概括。

④能够在上下文中对不同层次、不同类型之间的语意关联作出准确的分析和具体的阐释。

⑤能够对文意进行全面的、准确的概括。

（二）主旨探究

1. 具备文学是人学、文学引导人们追求理想的人性和创造理想的文化这两个基本认知。

2. 能够基于文意的整体性和语意的关联性，在文意理解的基础上对文本中不可见的内容进行探寻、透析和研究。

3. 能够在主旨探究两大文本指标和理想状态之间进行比对，从而对文本主旨的价值作出准确的评价。

4. 能够把文本主旨作为自己的思想资源，在适当的情境中加以运用。

（三）形式鉴赏

1. 语言运用

①有序进行鉴别、赏析、归纳、评价、情境运用五大进阶的形式鉴赏阅读活动，取得准确的阶段性成果，其中准确归纳和准确评价两大进阶是测评重点。

②能对文本中每一个句子的语法结构作出分析，能识别其中的病句并进行分析和修正。

③能对文本中的词语和句式特征、表达方式（记叙、描写、议论、抒情、说明五种）运用、修辞手法运用和艺术技巧运用四个方面的语用技巧进行鉴别和阐释。

④能从语用和语意的关系、在语境中的作用等角度对文本中的语用技巧进行赏析。

⑤能对文本在语言运用上的总体特征及其表意效果进行归纳。

2. 结构安排

①有序进行鉴别、赏析、归纳、评价、情境运用五大进阶的形式鉴赏阅读活动，取得准确的阶段性成果，其中准确归纳和准确评价两大进阶是测评重点。

②能在对文本中文意的变化进行准确梳理、分析和概括的基础上，找到文本的结构特征。

③能从结构和语意的关系、在语境中的作用等角度对文本的结构安排进行赏析。

④能对文本在结构安排上的总体特征及其表意效果进行归纳。

3. 风格特征

①有序进行鉴别、赏析、归纳、评价、情境运用五大进阶的形式鉴赏阅读活动，取得准确的阶段性成果，其中准确归纳和准确评价两大进阶是测评重点。

②能基于文本的语言运用对文本的风格特征作出辨识、分析和归纳。

③能基于文本的结构安排对文本的风格特征作出辨识、分析和归纳。

④能基于文本的内容呈现对文本的风格特征作出辨识、分析和归纳。

⑤能从语用和语意的关系、在语境中的作用等角度对文本的风格特征及其表意效果进行总体归纳。

三、阅读转化

（一）内容创造

1. 能够找到不同文本间的内容关联，实现内容关联跨文本拓展，并能够基于文本三要素图式分析异同、评价优劣。

2. 能够发现内容创造的底层逻辑，并且实现结构化“思维”迁移。

3. 能够打通内容创造的取材通道，并且实现整体性“感受力”提升。

4. 能够建构内容创造的前提，并且在“和生活相与”人生态度的支持下实现创造性“真情”建构与表达。

（二）主旨创造

1. 能够找到不同文本间的主旨关联，实现主旨关联跨文本拓展，并能够分析异同、评价优劣。

2. 能够发现主旨创造的底层逻辑，并且实现结构化“思想”迁移。

3. 能够打通主旨创造的取材通道，并且实现整体性“判断力”提升。

4. 能够建构主旨创造的前提，并且在“和世俗相对”人生态度的支持下实现创造性“真理”建构与表达。

（三）形式创造

1. 能够找到不同文本间的形式关联，实现形式关联跨文本拓展，并能够分析异同、评价优劣。

2. 能够发现形式创造的底层逻辑，并且实现结构化“思路”迁移。

3. 能够把握形式创造的规律，在对知识的灵活和综合运用中实现整体性“表达力”提升。

4. 能够夯实形式创造的基础，并且在“和语言相亲”人生态度的支持下实现创造性“真知”建构与表达。